Der Fuchs

**Der Künstlerkreis Ortenau
in Zusammenarbeit
mit der
Bausparkasse Schwäbisch Hall**

„Der Fuchs"
© 1988 by
Bausparkasse Schwäbisch Hall AG,
Künstlerkreis Ortenau und den Autoren

Buchhandelsausgabe:
Grimmelshausen-Buchhandlung
und Verlag
Hauptstraße 50a
7602 Oberkirch

ISBN 3-926 973-02-1

Herausgeber:
Künstlerkreis Ortenau, Offenburg
in Zusammenarbeit mit der
Bausparkasse Schwäbisch Hall AG

Redaktion und technische Abwicklung:
Werner Schmidt, Oberkirch

Organisation des Kunstwettbewerbes:
Heinz Schultz-Koernig und
Manfred Grommelt, Oberkirch

Autoren:
Prof. Dr. Dieter Arendt, Marburg
Wolfgang Schultze, Achern
Dr. Bringfriede Baumann, Karlsruhe
Dr. Detlef Kulessa, Schwäbisch Hall
Géza Csizmazia, Offenburg

Gestaltung:
Werner Schmidt

Fotografie des Ausstellungskataloges:
Fotostudio Frech, Offenburg

Reproduktionen:
Repro & Service, Offenburg

Druck:
Sturn-Druck, Oberkirch

Verarbeitung:
Buchbinderei Spinner, Ottersweier

Ausstellungsdesign und Organisation:
Peter Lemmermann, Schwäbisch Hall

Der Künstlerkreis Ortenau dankt
allen genannten und ungenannten
Mitarbeitern, insbesondere der
Bausparkasse Schwäbisch Hall AG
für die großzügige Finanzierung und
den außergewöhnlichen Einsatz ihrer
Mitarbeiter Herr Gollon, Herr Geppert,
Herr Lemmermann und Herr Sanner.

Besonderer Dank gebührt auch
Herrn Wolfgang Schultze, der das ganze
Projekt „Fuchs" anregte und sein Archiv
uneingeschränkt zur Verfügung stellte.

Inhalt

Die Autoren,
Der Künstlerkreis Ortenau,
Die Ausstellung 6

Bausparkasse Schwäbisch-Hall AG
Vorwort 7

Detlef Kulessa,
Der Fuchs in der Werbung 8

Géza Csizmazia,
*Mäzenatentum als Verantwortung
gegenüber Kunst,
Kultur und Bildung* 9

Dieter Arendt,
Der Fuchs in der Literatur 11

Wolfgang Schultze,
Der Fuchs im Märchen 25

Bringfriede Baumann,
Der Fuchs in der Kunst 35

Künstlerkreis Ortenau mit Gästen,
Die Ausstellung. 51

Künstler- und Ausstellungs-
verzeichnis. 77

Der Künstlerkreis Ortenau

Der Künstlerkreis Ortenau e.V. ist eine 1980 gegründete Vereinigung von Künstlern und Kunsthandwerkern aus dem Stadt- und Kreisgebiet von Offenburg/Baden.

Der Künstlerkreis betreibt in der „Alten Wäscherei" in Offenburg eine Werkstatt für Druckgrafik und eine Galerie, in der jährlich zehn Ausstellungen aktueller Kunsttendenzen stattfinden.

Der Verein, in dem etwa 30 Künstler organisiert sind, ist auch Initiator des alle zwei Jahre stattfindenden Keramikwettbewerbs „Zeitgenössische Keramik", der zu den wichtigsten Konkurrenzen für Keramiker in der Bundesrepublik zählt.

Zu den Aufgaben des Künstlerkreises zählt die regelmäßige Herausgabe von Publikationen über die Aktivitäten des Vereins und über Gruppenausstellungen.

Prof. Dr. Dieter Arendt

geboren 1922 in Danzig,
Studium Theologie, Philosophie und Germanistik in Marburg,
seit 1960 tätig an der Universität Marburg, seit 1970 Professor im Fachbereich Germanistik an der Universität Gießen,
lebt in Marburg.

Zahlreiche Publikationen u. a. zu den Themen:
Poetischer Nihilismus, Pikarische Literatur (Eulenspiegel), Fabel-Tiere in der Literatur, Jugendliteratur.

Wolfgang Schultze

geboren 1938 in Swinemünde,
lebt seit 1949 in Mittelbaden.
Nach Gymnasiumsbesuch in Offenburg Ausbildung zum Steuerberater,
seit 1978 Mitglied in der „Europäischen Märchengesellschaft e.V. Rheine",
seit 1985 deren Schatzmeister.

Das mit der Ehefrau Ursula gemeinsam gehegte Interesse an Märchen führte zu einer umfangreichen Sammlung alter und neuer Märchenbuchausgaben.

Dr. Bringfriede Baumann

geboren 1943 in Hannover,
1962-73 tätig als Krankenschwester an den Kinderkliniken von Hannover, Heidelberg und Karlsruhe,
1974 Studium der Kunstgeschichte an der Universität (TH) Karlsruhe bei den Professoren Klaus Lankheit, Wolfgang Hartmann und Volker Herzner,
1985 Promotion, Dissertationsthema: *Der Münchner Maler Wilhelm Marc (1839 – 1907), Monographie mit Werkverzeichnis,*
seither in Karlsruhe als freie Kunsthistorikerin tätig.

Die Ausstellung

Angeregt von Märchenlesungen Wolfgang Schultzes, schrieb der Künstlerkreis Ortenau 1987 einen Wettbewerb aus zum Thema „Fuchs". Zahlreiche historische Quellen belegen, daß diesem Tier erstaunlich breiten Raum in der europäischen und fernöstlichen Kulturgeschichte eingeräumt wird. Diese Tatsache ließ auf vielschichtige künstlerische Ergebnisse hoffen.

Nachdem mit der Bausparkasse Schwäbisch Hall ein Sponsor für die Durchführung einer Wanderausstellung durch das gesamte Bundesgebiet gefunden werden konnte, stellten sich Mitglieder und Gäste einer vereinsfremden Jury:
Wolfgang Schultze, Initiator der Ausstellung,
Prof. Eberhard Brügel, Kunstpädagoge und Künstler,
Prof. Dr. Wolfgang Hartmann, Kunsthistoriker,
Ernst Schneider, Künstler und Galerist,
Herr Gollon und Herr Sanner, Vertreter der Bausparkasse Schwäbisch Hall,
Rainer Braxmaier, Vertreter des Künstlerkreises Ortenau,
hatten die „Qual der Wahl".

Aus den zahlreichen Einsendungen wurden Arbeiten von 24 Künstlern für die Ausstellungsreihe ausgesucht. Jeweils ein Werk aller Ausstellungsteilnehmer ist im nachstehenden Katalog abgebildet.

Vorwort

Der Fuchs taucht in vielen Stilrichtungen der Kunst – von der Malerei der Antike bis hin zur Literatur des 20. Jahrhunderts – als Symbol oder Kultfigur auf. Schon der Dichter Aesop im 6. Jahrhundert vor Christus schätzt seine Eigenschaften. Im Tierepos „Reineke Fuchs" wird er vermenschlicht. La Fontaine macht ihn mit seinen Fabeln weltberühmt. Franz Marc malte ihn oft. Auch in der Werbung spielt er eine bedeutende Rolle – Schwäbisch Hall setzt ihn dort schon seit Jahren mit hohem Sympathie-Erfolg ein. Viele weitere Beispiele ließen sich nahtlos anfügen.

Besonders interessant sind die Deutungen der jeweiligen Rollen des Fuchses. Diese richtig zu vermitteln, dürfte eine reizvolle und wichtige Aufgabe sein. Hier gilt es, neue Aspekte zu sehen und zu erkennen.

Verschiedene Künstler der Vereinigung Künstlerkreis Ortenau e.V. haben das alte Thema Fuchs erneut aufgegriffen und sind zu vollendeten Lösungen gelangt. Dazu gratuliert die Bausparkasse Schwäbisch Hall, die sich der Förderung der Kunst traditionell besonders verpflichtet fühlt.

Bausparkasse Schwäbisch Hall AG

Der Fuchs in der Werbung

Werbung im Kunstkatalog? Das sieht nach Antithese aus, gar nach Provokation.

Doch wurden in den letzten Jahren schon Stimmen laut, die in der Werbung die Kunst des 21. Jahrhunderts sehen wollten. Damit allerdings wird der grundlegende Unterschied, nämlich das aufklärerische Interesse, die künstlerische Intention verwischt.

Doch gegen Vermarktungsinteressen, den schnöden Mammon, wie die Künstler gerne sagen, scheint auch die Kunst immer weniger gefeit. Da zumindest steht ein Unterscheidungsmerkmal bereits auf wackeligen Füßen.

Aber, ein Unterschied ist doch zu konstatieren. Wenngleich – und das darf nicht übersehen werden – beide auf durchaus ähnlichen Grundstrukturen basieren. Dadurch entstehen Ähnlichkeiten, die manchmal vergessen lassen können, daß Kunst und Werbung nach wie vor ein unüberbrückbarer Graben trennt. Beide sind Kommunikationskanäle, die „Botschaften" transportieren. Doch die antizipierte Wirkungsweise ist eine andere.

Beide versuchen eigene, in sich geschlossene Image-Welten aufzubauen. Doch, die Images sind verschieden.

Beide bedienen sich sowohl tradierter als auch neu geschaffener Symbole. Und hier verschwimmen die Unterschiede, denn ihnen ist der kreative Umgang mit den Symbolen gemeinsam.

Und um eines dieser Symbole kreist das Thema dieses Katalogs: der Fuchs. Über die symbolische Bedeutung des Fuchses ist hier viel zu lesen: Schläue, Umsicht, gar Klugheit.

Und diese positiven Eigenschaften waren sicher bestimmend, als die Bausparkasse Schwäbisch Hall sich 1975 für den Fuchs entschied und ihn zum Image des schlauen Bausparfuchses von heute ausbaute.

Doch die Reduktion auf den immer gleichen Symbolgehalt hätte sich sicher bald überlebt. Aus dem Fuchs wurde weit mehr als die Verkörperung einer positiven Charaktereigenschaft. Er wurde zur Identifikationsfigur für die Bausparkasse Schwäbisch Hall schlechthin. Er wurde, um das viel strapazierte Wort der „Corporate Identity" hier einmal mit wirklichem Inhalt zu füllen, zur sympathischen Gallionsfigur eines Unternehmens.

Insofern hat er sich längst verselbständigt von einem traditionellen Symbolgehalt. Ja, die Werbung hat den traditionellen Kanon der Symbolfiguren sogar erweitert. Der Fuchs und der SCHWÄBISCH HALL-Bausparer sind inzwischen Synonyme. Und das wurde am 26. März 1981 beim Deutschen Patentamt sogar aktenkundig. Die Werbung hatte ein neues Ikon geschaffen.

Nur wenige Tiere im Werbezoo haben das geschafft. Die wohl bekannteste Konkurrenz: der Tiger. Oder, uns aus unseren Jugendtagen wohl bekannt: Lurchi, der Salamander.

Der Fuchs ist der kluge Bausparer. Aber er ist eigentlich so wie „du und ich". Und das macht ihn so sympathisch. Ihm nehmen wir es ab, wenn er mit einfachen Worten die komplexe Materie des Bausparens erklärt. Aber ihm verzeihen wir auch die dabei oft notwendigen Reduktionen, die bei einem „Experten" vielleicht unseriös wirken würden.

So weiß jeder Bausparer, der Fuchs ist einer von uns. Einer, den man um Rat fragen kann. Einer, der unsere Probleme kennt. Und schließlich einer, der uns hilft, die Probleme in unserem Interesse zu lösen. Der Bausparfuchs reklamiert nicht, Kunst für alle zu sein. Aber er hat sich zu einer liebgewonnenen Identifikationsfigur entwickelt, die ihre „Botschaften" für alle verständlich kommuniziert.

Dr. Detlef Kulessa

Mäzenatentum als Verantwortung gegenüber Kunst, Kultur und Bildung.

Der Römer Gaius Maecenas gab den Förderern von Kunst und Kultur seinen Namen − und nahm sie damit auch in die Pflicht.

Maecenas war Berater von Kaiser Augustus, Diplomat und wohlhabender Großgrundbesitzer. Die bedeutendsten Philosophen und Dichter seiner Zeit umgaben ihn, und selbstlos, ohne Gegenleistung zu erwarten, unterstützte er sie nach seinen Kräften.

Immer wieder versuchten seither Menschen, die Ideale des Mäzenatentums aufzugreifen. Gerade in der heutigen Kulturszene ist es wichtig, daß sich Initiativen durchsetzen, die in dieser Tradition stehen.

Dennoch stellt sich auch die Frage: „In wieweit hat sich das Mäzenatentum in der heutigen Zeit verändert?"

Aus dem beispielhaften Ursprung der kulturellen Förderung mit seinen ideellen Kräften hat sich ein professionelles Sponsorentum entwickelt, das oft im Verdacht steht, nach dem Leitgedanken „Leistung gleich Gegenleistung" zu handeln.

Nicht immer ist deutlich zu erkennen, welche Motivation, Struktur, Philosophie und welchen Nutzen Geldgeber und Investoren erwarten.

Der Künstler lebt im Spannungsfeld zwischen seinem eigenen Streben nach freier Entfaltung und dem Erwartungsdruck durch die materielle Zuwendung. Andererseits ist unumstritten, daß die heutigen knappen öffentlichen Mittel oft nicht ausreichen und das Kulturleben zu stagnieren droht. Die privaten Initiativen sind deshalb unabdingbar, um das Überleben vieler aktiver Künstler möglich zu machen.

So entstanden die verschiedenen Fördermodelle, mit deren Formen sich die private Kunstförderung auseinandersetzte und sich dabei immer wieder dem momentanen Zeitgeist anpasste: durch Stiftungen, Sponsoren, Mäzene, Kultur- und Kunstvereine der öffentlichen Hand sowie durch Sammlungen.

In wieweit der „eigene Geschmack" der privaten Förderer vorrangig ist, um Kunstförderung zu betreiben, mag dahingestellt sein.

Große Unternehmen legen Hauptaugenmerk auf den organisatorischen Bereich und die Werbewirksamkeit, wenn es um soziale, kulturelle Inhalte geht, die dem Ansehen der Unternehmensgruppe dienlich sein können.

Dabei ist der Rahmen klar abgesteckt. Die künstlerischen Inhalte bleiben den Kunstschaffenden anheim gestellt. Die Forderungen der Geldgeber müssen auf die Stufe zurücktreten: „Nun aus den gebotenen Möglichkeiten das Maximale schöpfen."

So verstanden, hat der Künstlerkreis Ortenau e.V. in der Zusammenarbeit mit der Bausparkasse Schwäbisch-Hall keine Berührungsängste und will nicht verleugnen, daß diese beispielhafte Förderung ein Indikator für beide Interessensgruppen ist.

Hier tritt ein Förderer auf, der Kunst nicht statisch sieht, sondern als Aktivierung und Erkenntniserweiterung versteht, dabei Veranwortung zeigt gegenüber Kunst, Kultur und Bildung und ermöglicht, daß sich diese Ebenen wirkungsvoll begegnen können. In diesem Sinn ist auch ein unbestrittener Public-Relations-Effekt Teil der Zusammenarbeit zwischen Kunst und Wirtschaft. Beide Partner können durch den gemeinsamen Schritt an die Öffentlichkeit gewinnen.

Wir glauben, daß das Ergebnis dieses Experiments, die Ausstellung „Der Fuchs", auch verrät, mit welcher Begeisterung die Mitglieder des Künstlerkreises diese Aufgabe angenommen haben.

Wir hoffen auch, daß das Zustandekommen der Ausstellung, die spontane und unbürokratische Entwicklung der Zusammenarbeit, kein einmaliges Ereignis war, sondern als Quell für weitere Begegnungen dienen mag.

Géza Csizmazia

im November 1987

Der Fuchs in der Literatur
von Prof. Dr. Dieter Arendt

„Der Fuchs war ein Jurist vom Fach"

I.

Seit der Archaik scheint der Fuchs wie alle rothaarigen Tiere und Menschen aus der gottgefälligen Art geschlagen und weil abartig, wird ihm nachgestellt und notwendigerweise entwickelt er seine ohnehin besondere Klugheit zur absonderlichen Verschlagenheit oder gar Heimtücke.

In der germanischen Mythologie ist der Fuchs dem Gott Loki zugeordnet[1]; im Alten Testament werden ruchlose Propheten mit den Füchsen verglichen[2]; im Neuen Testament nennt Jesus den König Herodes einen Fuchs. Herodes übrigens stammte aus der idomäischen Dynastie, gilt also als Nachkomme der Edomiten, der Kinder Esaus, der auch Edom heißt, das aber bedeutet: der Rote.[3] Das aus den ersten Jahrhunderten unserer Zeitrechnung stammende christliche Fabel-Buch, der 'Physiologus', stellt endlich die Beziehung zwischen dem füchsischen König Herodes mit dem Teufel her.

So ist auch der Teufel arglistig ganz und gar samt seinen Werken. So einer will teilhaben an seinem Fleisch, dann stirbt er; des Teufels Fleisch aber ist Unzucht, Habgier, Hurerei, Wollust und Totschlag. Woher denn auch Herodes dem Fuchse verglichen wird: Saget nämlich, spricht der Herr, diesem Fuchs.

Wohlgeredet hat also der Physiologus über den Fuchs, indem er seine Arglist und Heimtücke beschreibt.[4]

Von dieser christlichen Tradition her erklärt sich das in Kirchenfenstern, im Chorgestühl und auf Kanzel-Schnitzereien erscheinende Bild vom predigenden Fuchs im Talar und sicherlich auch die Redensart: „Wenn der Fuchs predigt, hütet die Gänse!"[5]

Daß der kluge Fuchs aber auch als der um die süße Beute schleichende Liebhaber verstanden werden kann, verdeutlicht uns die allzu wenig bekannte Sammlung von bewundernswerten Liebes-Gedichten aus dem Alten Testament, das sogenannte Hohe Lied. Dort spricht der Liebende zur Geliebten:

„Dein Wuchs ist hoch wie ein Palmenbaum, und deine Brüste gleich den Weintrauben."

Und die Geliebte wehrt ab:

„Fanget uns die Füchse, die kleinen Füchse, die die Weinberge verderben; denn unsere Weinberge haben Blüten gewonnen."[6]

Inwieweit des Mädchens Klage und Abwehr ernst gemeint oder nur rhetorisch ist, möge und sollte wohl dahingestellt bleiben; denn daß die süßen Trauben – das Bild läßt des öfteren einen Vergleich mit den runden Formen des Mädchens zu – auch in der hebräischen Antike trotz aller frommen Sexual-Ethik nicht immer zu hoch hingen, darf getrost vermutet werden.

Der Fuchs als der ebenso gefürchtete wie heimlich begehrte Verführer – das ist ein ebenso überraschendes wie naheliegendes Thema.

Durch die Jahrhunderte zieht sich eine Fabel vom Fuchs, die von seiner Ambition als Liebhaber vielleicht einen neuen Sinn gewinnt: die Weintrauben hängen mitunter doch zu hoch, aber immer weiß er sich zu trösten und sein Versagen mit der klugen Bemerkung zu kompensieren: Sie sind ja doch noch nicht reif.

Jean de la Fontaine hat die alte Fabel in diesem Sinne mit französischem Charme stilisiert:

Der Fuchs und die Trauben

Ein Fuchs, Gascogner, andre sagen aus der Normandie,
es starb vor Hunger fast das arme Vieh,
sah am Geländer voll Verlangen
hellrote reife Trauben hangen.
Gern hätte der Schelm davon genascht.
Doch hingen sie zu hoch:
Er sprach wie überrascht:
Das Zeug ist viel zu grün und räß für unsereinen!
Tat er nicht gut daran, zu spotten statt zu weinen?[7]

In den Märchen spielt sowohl der kluge als auch der amouröse Fuchs seinen gewichtigen Part.

Die Brüder Grimm haben in ihre Sammlung der Kinder- und Hausmärchen unter anderen ein Fuchs-Märchen aufgenommen, das vielleicht deshalb weniger bekannt ist, weil es gar zu anstößig für die biedere bürgerliche Phantasie: 'Die Hochzeit der Frau Füchsin'. Der Inhalt ist simpel aber vielsagend: Ein alter Fuchs mit neun Schwänzen stellt sich tot und prüft auf diese Weise die Treue seiner Füchsin, die sofort bereit ist, einen jungen Fuchs zu heiraten, wenn er nur neun Schwänze hat.

Die Hochzeit der Frau Füchsin

Erstes Märchen

Es war einmal ein alter Fuchs mit neun Schwänzen, der glaubte, seine Frau wär ihm nicht treu, und wollte er sie in Versuchung führen. Er streckte sich unter die Bank, regte kein Glied und stellte sich, als wenn er mausetot wäre. Die Frau Füchsin ging auf ihre Kammer, schloß sich ein, und ihre Magd, die Jungfer Katze, saß auf dem Herd und kochte. Als es nun bekannt ward, daß der alte Fuchs gestorben war, so meldeten sich die Freier. Da hörte die Magd, daß jemand vor der Haustüre stand und anklopfte; sie ging und machte auf, und da war's ein junger Fuchs, der sprach:
„Sag sie ihr doch, Jungfer, es wäre ein junger Fuchs da, der wollte sie gerne freien." – „Schon gut, junger Herr."
Da ging die Katz, die Tripp, die Trapp,
Da schlug die Tür, die Klipp, die Klapp.
„Frau Füchsin, sind Sie da?"
„Ach ja, mein Kätzchen, ja".
„Es ist ein Freier draus".
„Mein Kind, wie sieht er aus?"
„Hat er denn auch neun so schöne Zeiselschwänze wie der selige Herr Fuchs?" – *„Ach nein", antwortete die Katze, „er hat nur einen." – „So will ich ihn nicht haben."*

Die Jungfer Katze ging hinab und schickte den Freier fort. Bald darauf klopfte es wieder an und war ein anderer Fuchs vor der Türe, der wollte die Frau Füchsin freien; er hatte zwei Schwänze; aber es ging ihm nicht besser als dem ersten. Danach kamen noch andere, immer mit einem Schwanz mehr, die alle abgewiesen wurden, bis zuletzt einer kam, der neun Schwänze hatte wie der alte Herr Fuchs. Als die Witwe das hörte, sprach sie voll Freude zu der Katze:
„Nun macht mir Tor und Türe auf
Und kehrt den alten Herrn Fuchs hinaus."

Als aber eben die Hochzeit sollte gefeiert werden, da regte sich der alte Herr Fuchs unter der Bank, prügelte das ganze Gesindel durch und jagte es mit der Frau Füchsin zum Haus hinaus.[8]

Das Märchen erregte bereits durch seinen Titel Anstoß, Ärgernis und Streit. Der Freund Achim von Arnim äußert grundsätzliche Bedenken zum Begriff 'Kindermärchen' und zwar nicht zuletzt im Blick auf das Fabel-Märchen vom Fuchs mit neun Schwänzen.[9]

Wilhelm und Jacob Grimm reagierten indigniert[10]; Jacob aber antwortet scharf und meint sich gegen Arnim verteidigen zu sollen:

„Über das Märchen von der Frau Füchsin(...) ich wollte in die Seele dieses Märchens hinein schwören, daß es rein und unschuldig sei. Wer anderes hineinlegt, legt eine sündliche Ansicht hinein insofern das Wissen und die Erfahrung immer die Unschuld und Unwissenheit der Jugend versehrt. (...) Wahres ist darin, wie in dem Teufel selbst. Obiges Märchen ist mir eines der allerliebsten und mir aus meiner Kindheit mit am le-

Der Fuchs in der Literatur

bendigsten, ich dachte nur so oft mit Vergnügen das Anklopfen der Freier und das Laufen der Magd hin und her auf den Treppentritten und die rothgeweinten Augen der Frau Füchsin." [11]

Jacob also erklärt unumwunden seine Liebe zum Fuchs-Märchen, und man könnte geneigt sein, psychoanalytische Fragen zu stellen: Was fasziniert am Bild des Fuchses? Ist es seine mythische Herkunft? Ist es seine vielfältige symbolische Bedeutung? Ist es seine offenbare diplomatische aber nichtsdestoweniger undurchschaubare Geschicklichkeit? Oder ist es seine erotische Vitalität und Ausstrahlung? Ein Rätsel besonderer Art gibt der Satz auf: „Wahres ist darin, wie in dem Teufel selbst." Was ist gemeint? Wir kennen den Teufel als klugen Widerpart Gottes, ferner als Versucher[12] und als Meister in der Kunst der Verführung[13]. Der Fuchs als Teufel? Oder der Teufel als Fuchs?[14]

II.

Sobald der Fuchs aus dem Rahmen der Mythologie und Religion heraustritt, wird er zur Figur in einem abendländlichen Polit-Krimi. Dort beansprucht der Fuchs in der Hierarchie der Tiere einen hohen Rang; seit der Antike ist er als schlauer Widerpart des Löwen zugleich sein Ratgeber und in dieser Stellung ist er der Rivale des zwar stärkeren aber weniger klugen Wolfes.

Die Fabel vom königlichen Landtag der Tiere ist in allen europäischen Ländern und Sprachen wohlbekannt, die Fabel von jenem Hofgericht, wo die Prozesse der Großen und Kleinen entschieden, Wiedergutmachung zugesichert und Friede zwischen allen Tieren beschlossen und verkündet werden sollte. Bei Äsop, dem griechischen Sklaven, heißt es wörtlich:

Es regierte einmal ein Löwe, der war weder jähzornig noch roh oder brutal, sondern mild und gerecht, so wie es der Mensch ist. Unter seiner Regierung fand auch ein Landtag aller Tiere statt, wo ihre Prozesse entschieden und Wiedergutmachung beschlossen wurde – Wolf gegenüber dem Schaf, Leopard und Gemse, Hirsch und Tiger, Hund und Hase. Da sprach ein Häslein: „Ich habe gebetet, diesen Tag erleben zu dürfen, da die Schwachen den Mächtigen Furcht einflößen!" [15]

Die Fabel, in der auffallenderweise der Fuchs fehlt, läßt sich leicht mit jener anderen, ebenfalls bestens bekannten verbinden, in der der Fuchs an der Hofstatt des kranken Löwen seinen rächenden Part als erbitterter Feind des Wolfes spielt, dem er das Fell über die Ohren ziehen läßt, um es dem kranken Monarchen umzulegen.

Der Löwe war alt geworden und lag krank in seiner Höhle. Alle Tiere besuchten ihren König, nur der Fuchs kam nicht. Da ergriff der Wolf die Gelegenheit, den Fuchs beim Löwen anzuschwärzen: er verachte den Gebieter aller Tiere und sei deshalb nicht einmal zum Besuch gekommen. In diesem Augenblick erschien der Fuchs: er hatte gerade noch die letzten Worte des Wolfes gehört. Der Löwe brüllte den Fuchs an, der aber erbat sich Zeit zur Verteidigung und sprach: „Wer von allen deinen Besuchern hat dir so viel Gutes getan wie ich? In der ganzen Welt bin ich umhergeirrt, um eine Medizin für dich zu finden – und nun weiß ich sie."

Der Löwe gebot ihm, sofort das Heilmittel zu nennen; da sagte der Fuchs: „Du mußt einem lebendigen Wolf die Haut abziehen lassen und sie dir noch warm umlegen." Und als der Wolf nun so dalag, lachte der Fuchs und sprach: „Man soll den Herrn nicht zum Zorn sondern zur Güte bewegen."
Die Fabel zeigt, daß, wer anderen eine Falle stellt, selber hineinfällt. [16]

Die antike Fabel vom Fuchs wurde früh zum Epos ausgeweitet, das, angereichert mit wechselnden Tier-Episoden, sich durch viele Jahrhunderte zieht und immer erneut in verschiedenen Übersetzungen erscheint; fast alle Vulpiaden aber beginnen einmütig mit der Hofhaltung des Löwen und mit der Einberufung seines Landtags; es dürfte geraten sein, einige Beispiele vorzuführen.

Das altfranzösische Epos 'Le Roman de Renart' (1165-1205) beginnt:

Es berichtet die Geschichte im ersten Vers, daß der Winter schon vergangen war und die Rose erblühte, der Weißdorn in Blüte stand und Himmelfahrt nahe war, als Herr Noble, der Löwe, alle Tiere in seinen Palast kommen ließ, um Hof zu halten. Da gab es kein Tier, das sich erdreistet hätte, aus irgendeinem Grunde fernzubleiben und nicht schnellstens zu kommen: außer Herrn Renart ganz allein, dem bösen Dieb, dem Betrüger, den die anderen wegen seines Hochmuts und seines unbotmäßigen Verhaltens vor dem König anklagen und beschuldigen.[17]

Die niederländische Version 'Van den vos Reynaerde' (1180-1200) lautet ähnlich:

Es war an einem Pfingsttage, als Wald und Hecken mit grünen Blättern geschmückt waren. Nobel, der König, hatte seinen Hoftag überall ausrufen lassen den er, wenn möglich, zu seinem eigenen Lob abhalten wollte. Da kamen zu des Königs Hof alle Tiere groß und klein (50) außer Reinart, dem Fuchs. Dieser hatte am Hofe so viel Übles getan, daß er sich nicht hinaustraute: wer sich schuldig weiß, hat Angst. So stand es auch um Reinart, und darum scheute er den Hoftag, wo ihm nur Schlechtes nachgesagt würde. Als der ganze Hoftag versammelt war, war der Dachs der einzige, der nicht über Reinart zu klagen hatte, (60) den Bösewicht mit dem grauen Bart.[18]

Das niederdeutsche Epos Reinke de Vos, gedruckt in Lübeck im Jahre 1498, beginnt:

*d gheschach up ehnen pynzstedach,
Datmen de wolde unde velde sach
Grone staen myt loff unde gras,
Unde mannich fogel vrolich was
Myt vange in haghen unde up bomen;
De krude sproten unde de blomen,
De wol röken hir unde dar;
De dach was schone, dat weder klar.
Nobel, de Konnynck van allen deren,
Held hoff unde leet den uthkreyeren
Syn lant dorch over al.
Dar quemen vele heren myt grotem schal,
Ok quemen to hove vele stolter ghesellen,
De men nicht alle konde tellen:
Lütke de kron unde Marquart de hegger;
Ja, desse weren dar alder degger (. . .)
Sunder Reynken den vos alleyne;
He hadde in den hoff so vele myßdan,
Dat he dar nicht endorste komen noch gan.*[19]

Goethes hexametrischer Reineke Fuchs fußt auf diesem Epos:

*Pfingsten, das liebliche Fest, war gekommen; es grünten und blühten
Feld und Wald; auf Hügeln und Höhn, in Büschen und Hecken
Übten ein fröhliches Lied die neuermunterten Vögel;
Jede Wiese sproßte von Blumen in duftenden Gründen,
Festlich heiter glänzte der Himmel und farbig die Erde.
Nobel, der König, versammelt den Hof; und seine Vasallen
Eilen gerufen herbei mit großem Gepränge; da kommen
Viele stolze Gesellen von allen Seiten und Enden,
Lütke, der Kranich, und Markart, der Häher, und alle die Besten.
Denn der König gedenkt mit allen seinen Baronen
Hof zu halten in Feier und Pracht; er läßt sie berufen
Alle miteinander, so gut die Großen als Kleinen.
Niemand sollte fehlen! und dennoch fehlte der Eine,
Reineke Fuchs, der Schelm! der viel begangenen Frevels
Halben des Hofs sich enthielt.*[20]

Eines fällt immer wieder auf: Renart-Reynaerde-Reinke-Reineke fehlt überall, warum? Wir können uns denken und wissen es vielleicht, daß der in Feld und Flur gefürchtete adlige Strauchdieb seine Anklage beim Landtag der Tiere zu gewärtigen hat, aber der Landjunker hat trotz oder gerade wegen seiner zweifelhaften Ambition und verdächtigen Unbotmäßigkeit bei Hofe doppelten Grund, seine Kläger zu meiden und seine sichere Höhle Malepartus lieber nicht zu verlassen.

Eine andere Frage ist nun naheliegend und ihre Antwort aufschlußreich: Warum heißt der Fuchs eigentlich Renart, Reinaerde, Reinke oder Reineke? Er ist der Löwen kundiger Ratgeber – wie dieser Name bezeugt.[21] Nicht nur durch diese geheim-rätlich-ministerielle Rolle bei Hofe hebt er sich aus der Schar des niederen Adels von Wolf und Bär, oder aus der Plebs von Lamm und Esel, Igel und Hase deutlich heraus, hinzu kommt seine stets auf den eigenen Vorteil bedachte Klugheit; durch seinen Rang und seine Eigenschaft scheint er prädestiniert zum Anspruch auf die höchste Stellung im Adel.

Aber die füchsische Methode ist seit eh und je suspekt. Babrius überliefert in lockeren griechischen Choliamben eine Fabel vom Löwen, vom Fuchs und vom Hirsch, deren Inhalt die füchsische Noblesse und Diplomatie höchst anschaulich widergibt.

Die längere Fabel, mit kurzen Worten nacherzählt, hat folgenden Inhalt:

Der kranke und geschwächte Löwe bittet den Fuchs, ihm einen Hirsch in die Höhle zu locken; dem Fuchs gelingt es, indem er dem Hirsch vorgaukelt, der Löwe gewähre ihm Audienz, um ihn zu seinem Nachfolger zu ernennen; der Hirsch entkommt mit genauer Not aus der Löwenhöhle, und als der Fuchs ihn ein zweites Mal überreden will, antwortet er: „Bei anderen Toren magst du künftig fuchsschwänzeln".

Das vom Nomen Fuchs abgeleitete Verb „fuchsschwänzeln" – im griechischen Urtext belegt[22] – ist höchst aufschlußreich: Der Fuchs ist des Löwen diplomatischer Legationsrat und Ambassadeur, aber seine fuchsschwänzelnde und scharwenzelnde, höfisch-höfliche Freundlichkeit, seine dienstbeflissene und liebedienernde Freundschaft ist nicht ohne hinterhältige Absicht. Er handelt zwar nach der Devise des braven Untertans: läßt dem Löwen, was des Löwen ist, nämlich den Löwen-Anteil, aber ein hilfsbereiter Fuchs handelt nie ohne eine füchsische reservatio mentalis, nicht ohne listigen Vorbehalt und zwar dadurch, daß er sich nicht nur des Löwen Gunst verschafft, indem er seinem Wunsch wie einem Befehl willfahrt, sondern er sichert sich zugleich damit auch seinen Anteil an der Löwen-Beute.

Die Fabel vom Löwen, vom Fuchs und Hirsch aber lehrt noch ein Weiteres über die geistige Hoheit des königlichen Löwen:

Der Hirsch läßt sich in der Tat ein zweites Mal betören und folgt dem Fuchs abermals in die Höhle des Löwen, wo er diesmal sein Leben verliert; während der Löwe in sein Mahl vertieft ist, stiehlt der Fuchs das Herz des zerstückelten Tieres, und auf die Frage des Löwen, wo das Herz des Hirsches geblieben sei, antwortet der galante Höfling:

„Er hatte gar kein Herz: sucht nicht vergebens, denn was für ein Herz könnt' er, und irgendwer, wohl zu haben, der zweimal in des Löwen Höhle sich gewagt?"[23]

Ein Löwe, der bei solch einer schmeichelhaften Erklärung nicht widerspricht, mag zwar ein mächtiger Thron-Prätendent sein, der klügste ist er nicht. Aber das gilt nicht nur für Könige sondern für alle Bürger, die sich die List des Fuchses zunutze zu machen wähnen und dabei auf die List hereinfallen; das lehrt das Sprichwort *„Wer den Fuchs betrügen will, der ist schon betrogen."*[24]

Nicht nur mit dem Löwen weiß der Fuchs umzugehen, sondern mit allen stärkeren Tieren, mit Tigern, Panthern, Bären und Wölfen, er weiß in der starken Adels-Clique der Tiere durch Finten und Tricks seinen Vorteil zu nutzen, indem er während ihrer Machtkämpfe sich seinen Teil denkt bzw. seinen Anteil beiseite schafft.

Der Fuchs in der Literatur

Äsops Fabel vom Löwen und Bären ist eine frühe Vorstellung füchsischer Haltung zwischen den mächtigen Tieren; obwohl sicherlich noch nicht politisch gemeint, bietet sie leicht Handhabe für ein politisches Verständnis – sie lautet:

Löwe und Bär

Ein Löwe und ein Bär fanden einmal ein Rehkitz und kämpften darum. Schrecklich fielen sie einander an, bis ihnen nach langem Kampf ganz schwindlig wurde und sie ohnmächtig liegen blieben. Ein Fuchs, der um sie herumgestrichen war, sah sie so daliegen, das Rehkitz in der Mitte; so lief er zwischen beiden hindurch, schnappte es auf und machte sich eiligst davon. Sie sahen es zwar, konnten sich aber nicht erheben und seufzten nur: „Wir Tröpfe, die wir uns für den Fuchs ruiniert haben!" Dies zeigt, daß der eine sich abrackert, während ein anderer daran profitiert.[25]

Wie der Fuchs sich stärkeren Tieren anzudienern vermag, so pflegt er mit schwächeren mitleidlos zu verfahren: Hähne, Gänse und Hasen sind nichts als saftige Bissen und er wird ihnen nachstellen, wo er kann. Falls er aber in eine Falle geht oder in eine Grube fällt, hangelt er sich auf dem Rücken anderer wieder heraus; bekannt ist die äsopische Fabel vom Fuchs und vom Ziegenbock, auf dessen Hörnern sich der flinke Springer aus einem Brunnen rettet:

Der törichte Bock

Ein Fuchs fiel in einen tiefen Brunnen und wußte nicht, wie er wieder herauskommen sollte. Da kam ein durstiger Ziegenbock zum Brunnen, sah den Fuchs und fragte ihn, ob das Wasser gut sei. Der aber verhehlte sein Mißgeschick und sagte: „O, das Wasser ist ausgezeichnet, klar und wohlschmeckend, komm nur auch herunter!" Da sprang der Bock, ohne sich zu besinnen, hinab. Als er nun seinen Durst gelöscht hatte, fragte er den Fuchs: „Wie wollen wir aber wieder herauskommen?" Da sagte der Fuchs: „O, das werde ich schon machen. Stelle dich auf deine Hinterbeine, stemme die Vorderbeine gegen die Wand und mache deinen Hals lang. Dann werde ich über deinen Rücken und deine Hörner auf den Rand des Brunnens klettern und auch dir heraushelfen." Der Bock tat, wie ihm befohlen war, streckte sich aus, und der Fuchs kletterte auf seine Hörner und sprang von dort mit einem gewaltigen Satz auf den Brunnenrand. Dort blieb er, tanzte vor Freuden und verhöhnte den Bock. Der aber machte ihm Vorwürfe, daß er den Vertrag nicht eingehalten hätte. Da sagte der Fuchs: „O Bock, wenn du soviel Gedanken im Kopfe hättest, wie Haare im Bart, so wärst du nicht hinuntergestiegen, ohne vorher zu untersuchen, wie du wieder herauskönntest.[26]

Folgen wir dem Fuchs ein wenig auf seiner Fährte durch die Jahrhunderte. In Martin Luthers Fabel-Sammlung agiert selbstverständlich der Fuchs in einer bedeutsamen Rolle. Während der Reformator auf Schloß Coburg im Jahre 1530 das politische Gerangel auf dem Augsburger Reichstag verfolgte, nahm er sich das mittelalterliche Fabelbuch Steinhövels vor und übertrug einige Fabeln in seine bildhafte Sprache und in seine Zeit. Der Fuchs als kluger Ratgeber des raublüsternen Löwen mag ihn nachdenklich gestimmt haben in einer Zeit, da der Kaiser mit Waffengewalt die Existenz der jungen evangelischen Kirche bedrohte. Daß er dem Löwen und dem Fuchs einen Esel zugesellt, hat schon Tradition und paßt ihm gut ins Konzept: der Esel nämlich trägt, seit er die heilige Familie nach Ägypten trug, ein Kreuz auf dem Rücken – wie der Priester im Ornat, und selbst den Heiligen Vater schimpfte er den Papst-Esel. Luther deutet auf die längere Vorgeschichte bereits durch die Überschrift: 'Dieselbige fabel auff ein ander weise':

Ein lewe / fuchs und Esel iagten miteinander und fiengen einen hirs / Da hies der lewe den Esel das wiltpret teilen / Der esel machet drey teil / Des ward der lewe zornig / und reis dem esel die haut uber den kopff / das er blutrunstig da stund / Und hies den fuchs das wiltpret teilen / Der fuchs sties die drey teil zu samen und gab sie dem lewen gar / Des lachet der lewe / und sprach / Wer hat dich so leren teilen / Der fuchs zeiget auff den Esel und sprach / Der Doctor da ym roten parret /[27]

Luther schätzte neben der Bibel die Fabel hoch ein, denn durch sie könne man, wie er treffend meinte „nicht allein die Kinder, sondern auch die Fürsten und Herren (..) betriegen zur Wahrheit"[28]; mit seiner humanistisch-didaktischen Haltung zieht er aus dieser Geschichte eine für seine Zeit bezeichnende doppelte Moral:

Das erste / Herren wollen Vorteil haben / und man sol mit Herren nicht Kirschen essen / sie werffen einen mit den Stilen / Das ander / (...) Das ist ein weiser Man der sich an eines andern Unfal bessern kann.[29]

Luther also räumt zwar den großen Herrn – den „großen Hansen", wie er manchmal sagt – nicht ohne satirischen Vorbehalt das Recht ein, mit den Stielen zu werfen; aber zugleich räumt er auch dem Volk das Recht ein, aus dem Schaden der Getroffenen bzw. Betroffenen klug zu werden; die großen Herren sind es selbst, die den Rechts-Mißbrauch fördern, und durch ihr Handeln erziehen sie ihr Volk zur klugen Selbsthilfe und Notwehr, zu einer Klugheit allerdings, die ihnen das Recht einmal aus der Hand nehmen könnte – der klügste Lehrling ihrer Politik aber ist der Fuchs.

Im Zeitalter des spielerischen Rokoko brachte der Colmarer Poet und Pädagoge Gottlieb Konrad Pfeffel die Fabel in galante Reime; aber das vornehme Gewand verbirgt nur schwach ihre aufständische Gesinnung:

Den Fuchs und Esel nahm der Leu
Mit auf die Jagd. Nach kurzem Streite
Erlag ein Hirsch. „Du", sprach der Dey
Zum Langohr, „theile nun die Beute."
Gar weislich machte der Gesell
Drei gleiche Theile. Flugs entbrannte
Des Leuen Grimm; er riß das Fell
Ihm von dem Nacken, und ernannte
Den Fuchs zum Theilungskommissar.
Der Schalk vereinigt alle Stücke,
Und bietet sie dem Leuen dar.
„Wer", sprach der Dey mit losem Blicke"
„Hat so zu theilen dich gelehrt?"
Das Aug dem Esel zugekehrt,
Den er noch triefend von dem Blute
Des rohen Schädels vor sich sah,
Sprach Reinhard: „Ei, Herr König, da,
Der Doctor mit dem rothen Hute".[30]

Die einst in Feld und Wald spielende Geschichte ist auf diese Weise zwar zubereitet für die adligen Kinder seiner Colmarer Schule und für die Salons der Damen und Hoffräulein, aber die polierte Glätte kaschiert nicht das blutige Drama des unpolitischen Esels und die triumphierende Politesse des Fuchses.

Der Fuchs aber wurde mit dem Beginn der Aufklärung nicht nur als Störenfried der rationalen, moralischen und der demokratisch-bürgerlichen Ordnung empfunden, sondern als gefährlicher Aufsteiger, denn als königlicher Ratgeber und Ambassadeur steht er im Verdacht kandidieren zu wollen für die höchsten Ämter des Adels. Das fabelfreudige Zeitalter aber konnte den Fuchs nicht einfach ausschließen aus dem Gehege seiner Fabel-Tiere, man mußte einen anderen Weg finden: Der Höfling wird nun abqualifiziert als Betrüger, Dieb und Räuber, und wie verschlagen auch seine einschmeichelnde Rede, so sehr ist das aufgeklärte Getier auf der Hut.

Jean de La Fontaine gab den Auftakt; beispielhaft seine gereimte Fabel

Der Hahn und der Fuchs

Auf einem Baumzweig saß als Posten
ein alter Hahn, gar pfiffig und verschmitzt.
O Bruder, rief der Fuchs (und seine Stimme schwitzt Honig), der Krieg ist aus, die Waffen rosten,
und Friede herrscht für alle Zeit!
Komm schnell herunter, laß dich stracks umarmen
und zögre nicht, hab mit dem Freund Erbarmen,
als Bote muß ich heut noch vierzig Meilen weit.
Die Deinigen und du, ihr könnt ja nun ganz ohne Furcht das Eure tun,
denn Brüder sind wir allesamt ab heuer.
Am Abend zündet Fackeln an und Feuer,
derweilen will ich heiß wie Kohlen,
ringsum die Küsse brüderlicher Liebe holen!
Mein Freund, versetzt der Hahn, aus keinem Munde
war mir bis dato bess're süß're Kunde beschieden
als die vom allgemeinen Frieden.
Und doppelt freudig klingt im Ohr das Wort,
weil du es sagst. Ich seh' zwei Hunde dort;
mir scheint, Kurierpost bringen sie in gleicher Sache.
Wie schnell sie laufen, noch ein Augenblick und sie sind hier!

Ich fliege dann herab. Gemeinsam küsse man und lache!
Ade, sagt drauf der Fuchs, mein Amt zwingt mich zur Eile.
Wir sehn uns dann ein andermal. –
Der Schelm reißt aus, an seinem Hinterteile
die weiße Blume blinkt schon fern im Tal.
Nur ungern zeigt der Fuchs dies peinliche Fanal.
Doch unser alter Hahn sitzt immer noch bedächtig
auf seinem Baum und lacht im Herzen mächtig.
Denn doppelt groß ist das Vergnügen,
Lügner mit Lügen zu betrügen.[31]

La Fontaine läßt den Fuchs mit seiner schmeichlerischen Schläue scheitern; mit seiner vorgespielten brüderlichen Liebe überzeugt er am wenigsten einen alten erfahrenen Hahn, der als Gallus immerhin das Symbol Galliens. Aber eines muß man ihm lassen: der „Schelm" zieht sich geschickt aus der Affäre, wenn er sich höfisch-höflich entschuldigt: "*mein Amt zwingt mich zur Eile.*"

Für Lessing liefert die Fabel nicht nur eine „Lehre von der anschauenden Erkenntniss", sie ist auch ein „Exempel der praktischen Sittenlehre"[32]; verweisen solche Formeln bereits auf den gesteigerten moral-didaktischen Eifer der späten Aufklärung, so liegt es nahe anzunehmen, daß der räuberische Fuchs nicht nur auf seine Grenze sondern auch auf seine Richter stößt und seine Strafe findet im Reiche der moralisch aufgeklärten Tiere. Es ist bezeichnend und aufschlußreich, wie Lessing die alte Äsopische Fabel vom Fuchs verändert:

Der Rabe und der Fuchs

Fab. Aesop. 205. Phaedrus lib. I. Fab. 13.
Ein Rabe trug ein Stück vergiftets Fleisch, das der erzürnte Gärtner für die Katzen seines Nachbars hingeworfen hatte, in seinen Klauen fort.
Und eben wollte er es auf einer alten Eiche verzehren, als sich ein Fuchs herbey schlich, und ihm zurief: Sey mir gesegnet, Vogel des Jupiters! – Für wen siehst du mich an? fragte der Rabe. – Für wen ich dich ansehe? erwiederte der Fuchs. Bist du nicht der rüstige Adler, der täglich von der Rechte des Zeus auf diese Eiche herab kömmt, mich Armen zu speisen? Warum verstellst du dich? Sehe ich denn nicht in der siegreichen Klaue die erflehte Gabe, die mir dein Gott durch dich zu schicken noch fortfährt?
Der Rabe erstaunte, und freute sich innig, für einen Adler gehalten zu werden. Ich muß, dachte er, den Fuchs aus diesem Irrthume nicht bringen. – Großmütig dumm ließ er ihm also seinen Raub herab fallen, und flog stolz davon.
Der Fuchs fing das Fleisch lachend auf, und fraß es mit boshafer Freude. Doch bald verkehrte sich die Freude in ein schmerzhaftes Gefühl; das Gift fing an zu wirken, und er verreckte.
Möchtet ihr euch nie etwas anderes als Gift erloben, verdammte Schmeichler![33]

Lessing mochte mit dem hinterhältigen Fuchs wohl das Bild jenes Schmeichlers und Schurken assoziieren, das zum Modell wurde für den leisetretenden Hofmann, der als der boshafte Intrigant und Minister des machtlüsternen Fürsten zur amoralischen Beispiel-Figur des moralpädagogischen Zeitalters wurde; wir kennen diesen ministerialen Typus aus zahlreichen Trauerspielen; in Lessings 'Emilia Galotti' heißt er Marinelli und in Schillers 'Kabale und Liebe' trägt er sogar den semantisch bedeutsamen Namen Wurm.

Eduard von Bauernfeld war wie sein Landsmann Anton Alexander Graf Auersperg, alias Anastasius Gruen, während der revolutionären Unruhen des Bürgertums im 19. Jahrhundert Sympathisant der liberalen restaurativ regierten Donau-Monarchie.

Eduard von Bauernfeld hat in einer kleinen Fabel-Szene vom Jahre 1845 'Die Ratsversammlung der Tiere' die Rolle des Fuchses sehr deutlich auf den hohen Rängen placiert; als die Tiere ihre Eigenschaften der neuen Republik empfehlen, bellt der Chor der Füchse:

Wir kommen von Karpath und Ural her,
Vom Dnieper, Don und Dniester;
Zu Deputierten taugen wir freilich nicht sehr,
Doch braucht man auch Minister.[34]

Bauernfeld hat in seinem wenig später, während der März-Revolution geschriebenen Fabel-Spiel 'Die Republik der Tiere' das ministeriale Amt des Fuchses noch eindeutiger historisch bestimmt, der *"Minister"* am kaiserlich-königlichen Hof ist — wie jedermann weiß — der Kanzler Fürst Metternich!

Ein Fabel-Gedicht trägt zwar die Überschrift 'Der kranke Löwe', sollte aber wohl besser heißen: 'Der kluge Fuchs':

Der kranke Löwe

Es lag der gnädige Löwe krank.
In seiner Höhle war großer Stank.
Sich zu zerstreu'n, ließ seine Gnaden
die Tiere zum Besuche laden.
Des Kämmerers Ruf erging an drei:
an den Esel, den Bock und Fuchsen dabei;
die hätten sich gern der Ehr' enthoben,
so ward der Esel vorgeschoben,
der zitternd trat in die Höhle ein. —

Da lag der König im Dämmerschein.
Der spricht, indem die heiße Gier
aus seinen Feuerwangen blinkt:
„Freund Baldwyn, sag', wie riecht es hier?"
„Herr König", schnuppert der Esel, „es stinkt!"
Das Eselein, der Wahrheit beflissen,
ward für sein keckes Wort zerrissen.

Kam drauf der Bock gehüpft, vor Graus
steh'n ihm die Augen beim Kopf heraus.
„Mein Böcklein, sprich wie riecht es dir?"
„Herr König, wie Bisam duftet es mir."
Der Schmeichler war nicht Besseres wert:
ihm ward sein Inn'res herausgekehrt.

Nun kam der Fuchs auf leisen Sohlen,
was wird Herr Reineke sich holen?
„Mein guter Fuchs, du treue Seele,
sprich doch, wie riecht's in meiner Höhle?"
Der Reinhard niest: „Ich kann's nicht sagen,
mich tut ein arger Schnupfen plagen."
Der König schweigt, beißt in die Lippe
und reicht ihm eine Eselsrippe:
„Da nimm und iß, du kluger Mann,
ich seh's, du bist kein heuriger Hase;
wer den Geruch verleugnen kann,
der hat die allerfeinste Nase."[35]

In kaiserlich-königlich regierten Ländern und Epochen ist die poetische Fabel ein politisches Wagnis, wenn sie so anzüglich anspielt auf den regierenden Kanzler Metternich und auf einen kranken König, der in seiner verstänkerten Höhle die Gastfreundschaft mißbraucht, indem der immer noch gewaltige Herr die Nörgler seines Geruchs als willkommene Beute betrachtet für seine Gier. Ein König weiß sehr wohl nicht nur um den zweifelhaften Dunst seiner Atmosphäre, sondern auch um die Lüge der Schmeichler, die seinen üblen Dunstkreis höflich verleugnen. Dem hüpfenden und dienernden Böcklein hilft die Lüge nichts und natürlich noch weniger die Wahrheit dem Esel.

Der Fuchs aber dispensiert sich von der Pflicht der Entscheidung und entschuldigt sich zurückhaltend mit seiner Unfähigkeit; obzwar durchschaut, bleibt er frei, gewissermaßen noch bewundert von seinem übelriechenden König:

„Wer den Geruch verleugnen kann,
der hat die allerfeinste Nase."

Reineke fällt zwar nicht selten in Ungnade, aber selbst sein Sturz als Minister kann ihm wenig anhaben; wenn das Volk gegen den König und seinen Kanzler revoltiert, weiß er sich beizeiten zurückzuziehen und er läßt sich auch mit demokratischen Gepflogenheiten und mit Zusicherung des freien Geleits nicht aus seiner Höhle locken.

Wilhelm Busch hat am Ende des unruhigen Jahrhunderts mit der ihm eigenen genialen Fähigkeit zur poetisch einfachen Diktion mit einem Fuchs-Gedicht die Situation genau gezeichnet:

Es saß ein Fuchs im Walde tief.
Da schrieb ihm der Bauer einen Brief.
So und so, und er sollte nur kommen,
's wär alles verziehn, was übelgenommen.
Der Hahn, die Hühner und Gänse ließen
Ihn alle zusammen auch vielmals grüßen.
Und wann ihn denn erwarten sollte
Sein guter, treuer Krischan Bolte.
Drauf schrieb der Fuchs mit Gänseblut:
Kann nicht gut.
Meine Alte mal wieder
Gekommen nieder!
Im übrigen von ganzer Seele
Dein Fuchs in der Höhle.[36]

Krischan Bolte kann lange warten; und es würde ihm auch wenig nützen, den Fuchs in seinem Bau aufzusuchen, er würde ihn schwerlich antreffen, denn, wie das Sprichwort sagt:

„Ein Fuchs weiß mehr als Ein Loch."[37]

Ein Fuchs wartet, bis das Volk wieder zur Raison gebracht und bis der König wieder in Ehren eingesetzt ist — dann erst verläßt er seine Höhle Malepartus.

Als Wilhelm Busch aber die alte Fabel von der Teilung der Beute am Ende des vorigen Jahrhunderts erneut aus seiner Erinnerung entwarf, brachte er den Fuchs wieder auf die Szene; der Titel des Gedichts heißt zwar 'Die Teilung', aber man ist versucht, einen prägnanten Vers als Überschrift vorauszuschicken: „Der Fuchs war ein Jurist vom Fach":

Die Teilung

Es hat einmal, so wird gesagt,
Der Löwe mit dem Wolf gejagt.
Da haben sie vereint erlegt
Ein Wildschwein stark und gut gepflegt.

Doch als es ans Verteilen ging,
Dünkt das dem Wolf ein mißlich Ding.

Der Löwe sprach: Was grübelst du?
Glaubst du, es geht nicht redlich zu?
Dort kommt der Fuchs,
er mag entscheiden,
Was jedem zukommt von uns beiden.

Gut, sagt der Wolf, dem solch ein Freund
als Richter gar nicht übel scheint.

Der Löwe winkt dem Fuchs sogleich:
Herr Doktor, das ist was für Euch.
Hier dieses jüngst erlegte Schwein,
Bedenkt es wohl, ist mein und sein.
Ich faße es vorn, er griff es hinten;
Jetzt teilt es uns, doch ohne Finten.

Der Fuchs war ein Jurist vom Fach.
Sehr einfach, spricht er, liegt die Sach.
Das Vorderteil, ob viel, ob wenig,
Erhält mit Fug und Recht der König.
Dir aber, Vetter Isegrim,
Gebührt das Hinterteil. Da nimm!

Bei diesem Wort trennt er genau
Das Schwänzlein hinten von der Sau;
Indes der Wolf verschmäht die Beute,
Verneigt sich kurz und geht beiseite.

Fuchs, sprach der Löwe, bleibt bei mir.
Von heut an seid Ihr Großvezier.[30]

„Der Fuchs war ein Jurist vom Fach" — diese Profession leiht ihm die Robe, die ihm paßt: einmal weil ein Fuchs als Jurist und somit als Vertreter des Rechts dem Bock als Gärtner ähnlich ist, der die ihm anvertraute Pflanzung kraft seines althergebrachten Natur-Rechts — ius naturale — nützlich und das heißt nutznießend verwaltet, indem er sie verbraucht, verzehrt; zum anderen, weil ihm als Jurist der Zugang eher offen ist zu den hohen und höchsten Verwaltungs- und Staatsämtern: der *"Teilungskommissar"* und „Minister" steigt auf zu einem hohen Staatsamt, zum „Großvesier".

III.

Äsops Urbild vom Fuchs scheint im Laufe der Jahrhunderte zwar stark verändert, aber trotz der wechselnden Masken, Gesten und Szenen, trotz der wechselnden Freund- und Feindschafts-Verhältnisse, bleibt er doch immer der gleiche listenreiche Kumpan, dem weder vonseiten des hohen Adels noch vonseiten des niederen Volkes zu trauen und am Zeuge zu flicken ist; Reineke aber scheint trotz allem oder gerade deshalb eine nicht eben unsympathische, wenn nicht gar attraktive Identitäts-Figur zu sein, weil er doch ein Rebell ist und nicht selten in Notwehr handelt gegen die Mächtigen dieser Erde und sich mit List und Tücke herauswindet aus den von ihnen veranstalteten Bedrängnissen der Geschichte.

Als der unbekannte Lübecker Dichter um das Jahr 1500 die inzwischen zum längeren Epos aufgeschwellte Fabel bearbeitete, hatte der Fuchs Renart-Reynaerde schon lange seinem Namen Ehre gemacht und sich großer Beliebtheit erfreut.

Das Lübecker in niederdeutschen Versen geschriebene Epos 'Reinke de Vos' wurde hernach mehrmals ins Hochdeutsche übersetzt, zuletzt von dem Leipziger Literaturprofessor Johann Christoph Gottsched, dessen Bearbeitung kein geringerer als Goethe übernahm, der dem Vornehmsten unter den Baronen des Königs Unsterblichkeit sicherte mit seiner Hexameter-Vulpiade: Reineke Fuchs. Goethe schrieb sein heute zur Weltliteratur gehörendes Tier-Epos ebenfalls in einem historisch brisanten Augenblick; er befand sich im Gefolge seines Herzogs auf dem unglücklichen Kriegszug gegen die Revolutionäre in Frankreich, wo es galt, die unbotmäßige Bürger-Revolution niederzuwerfen. Zwar äußert er Kritik am Königtum, aber er begründet sie mit der Schlechtigkeit der ganzen Welt; in seinem rückblickenden Bericht mit dem historischen Titel 'Die Campagne in Frankreich' erklärt er sein poetisches Unternehmen wie folgt:

„Ein König wird auf Leben und Tod angeklagt, da kommen Gedanken in Umlauf, Verhältnisse zur Sprache, welche für ewig zu beschwichtigen sich das Königtum vor Jahrhunderten kräftig eingesetzt hat. Aber auch aus diesem gräßlichen Unheil suchte ich mich zu retten, indem ich die ganze Welt für nichtswürdig erklärte, wobei mir denn durch eine besondere Fügung 'Reineke Fuchs' in die Hände kam."

Goethe fand es, wie er ferner bemerkt, „*nun wirklich erheiternd, in den Hof- und Regentenspiegel zu blicken.*"[39] Später spricht er sogar von „*Trost und Freude*", die er gewonnen habe bei der Beschäftigung mit „*dieser unheiligen Weltbibel*".[40]

Goethe beschreibt den königlichen Landtag und Reinekes zweifelhafte Rolle gemäß seiner Jahrhunderte alten Vorlage; der Löwe, König Nobel, der am heiteren Pfingsttag die Tiere alle zusammenruft, um Hof und Gericht zu halten, wünscht ausdrücklich, *alle* versammelt zu sehen; und Goethe stimmt mit ein in die allgemeine Vorverurteilung:

„Niemand sollte fehlen! und dennoch fehlte der Eine, / Reineke Fuchs, der Schelm! der viel begangenen Frevels / Halben des Hofs sich enthielt. So scheut das böse Gewissen / Licht und Tag, es scheute der Fuchs die versammelten Herren."[41]

Reineke muß eigens beordert werden und entgeht nicht dem hohen Gericht, aber sein Auftritt demonstriert zugleich seinen einflußreichen Stand am Hofe König Nobels des Löwen: Die Verurteilung des räuberischen Ritters von Malepartus stürzt nicht nur seine Freunde in Trauer, besorgt ist sogar der König; die Begründung ist plausibel: „*Denn Reineke war der ersten Baronen einer*"[42] Der König läßt ihn in der Tat mit vage begründetem Anlaß und mit kalkulierender Hoffnung frei: Reineke soll sich durch eine ernste Beichte in Rom von seinen Sünden absolvieren, dann aber die von seinem Vater verborgenen und von ihm geretteten und versprochenen Schätze herbeischaffen. Reineke gehorcht wie immer dem königlichen Gebot, aber sein Buß- und Beichtweg wird abermals ein Raubzug, und als der Beichtiger Grimbart, der Dachs, ihm ins Gewissen redet, enthüllt er ohne Beschönigung seine wahre politische Konfession. Reinekes kaltschnäuzige Selbstrechtfertigung gegenüber Grimbart in niederdeutscher und hochdeutsch-hexametrischer Fassung zum optisch-akustischen Vergleich nebeneinander zu stellen, dürfte nicht nur deshalb geraten scheinen, weil sie ein Schlaglicht auf seine politische Gesinnung wirft, sondern weil Goethe sich eng an Gottscheds Übersetzung hält, die wörtlich auf dem niederdeutschen Text fußt:

Der Fuchs in der Literatur

Der niederdeutsche Text:

> Lathet uns seggen van anderer rede!
> Id is nu eyne varlyke tyd;
> Wente de prelaten, de nu syd,
> Se ghan uns vore, so men mach seen.
> Dyt merke wy anderen, groet unde kleen.
> We is, de des nicht enlovet,
> Dat de konnynck ok nicht mede rovet?
> Ja, ysset, dat he yd nicht en nympt sulven,
> He leth yd doch halen by baren unde wulven.
> Doch menet he al, he doet myt recht.
> Neen is, de eme de warheyt secht
> Edder de dor spreken: ‚yd is ovel ghedan‘,
> Nicht syn bychtfader, noch de kappellan.
> Wer omme? wente se ghenetens al mede,
> Al were yd ok men to eyneme klede.
> Wyl yemant komen unde wyl klagen,
> Ja, he mach vuste nayagen,
> He vorspyldet men unnutte tyd.
> Watmen eme nympt, des is he quyd,
> Syne klage wert nicht vele ghehord,
> He dor int leste nicht spreken eyn word.
> Wente desses is he stedes andechtich,
> Dat em de konnynck is to mechtich.
> Wente de lauwe is yo unse here
> Unde holt yd al vor grote ere,
> Wat he to syk rapen kan.[43]

Goethes Hexameter-Fassung:

> Doch laßt uns
> Andre Dinge besprechen; es sind gefährliche Zeiten,
> Denn wie geht es von oben herab? Man soll ja nicht reden;
> Doch wir andern merken darauf und denken das Unsre.
> Raubt der König ja selbst so gut als einer, wir wissen's;
> Was er selber nicht nimmt, das läßt er Bären und Wölfe
> Holen und glaubt, es geschähe mit Recht. Da findet sich keiner,
> Der sich getraut, ihm die Wahrheit zu sagen, so weit hinein ist es
> Böse, kein Beichtiger, kein Kaplan; sie schweigen! Warum das?
> Sie genießen es mit, und wär' nur ein Rock zu gewinnen.
> Komme dann einer und klage! der haschte mit gleichem Gewinne
> Nach der Luft, er tötet die Zeit und beschäftigte besser
> Sich mit neuem Erwerb. Denn fort ist fort, und was einmal
> Dir ein Mächtiger nimmt, das hast du besessen. Der Klage
> Gibt man wenig Gehör, und sie ermüdet am Ende.
> Unser Herr ist der Löwe, und alles an sich zu reißen,
> Hält er seiner Würde gemäß.[44]

Reinekes Rede ist die genaue Ausführung der seit Äsop sich durch die Jahrhunderte ziehenden Klage, die seine raubritterliche Gesinnung wohl rechtfertigen könnte, denn man vergesse den Zeitpunkt seiner Klage nicht: Reinekes hexametrische Rede von 1790 fußt auf dem niederdeutschen Modell von 1500 und die niederdeutsche Rede hat Vorläufer in allen früheren Jahrhunderten und weist somit in eine Zeit, da es zwar durchaus begründet aber auch lebensgefährlich war, eine so schwerwiegende Kritik an seinen Fürsten und Königen zu wagen; wenn Goethe nun aber Reinekes Klage im Jahrzehnt der bürgerlichen Revolution übernimmt, so erinnert er daran, daß die sozialen Verhältnisse sich wenig oder endlich insofern geändert haben, als diese Klage zur Anklage wurde und einem blutigen Gericht zutrieb, einem Gericht über den schuldigen König.

Reinekes Klage aber gibt sich darüber hinaus sogar als Rechtfertigung der Armen, als zeitübergreifende, von der Antike bis zur Gegenwart reichende Verteidigung des kleinen Mannes und zwar gemäß der geläufigen Redensart: Die kleinen Diebe hängt man, die großen läßt man laufen.

Wörtlich heißt es im niederdeutschen 'Reinke de Vos':

> Arm man Reynke, nympt de men eyn hoen,
> Dar wylt se alle denne vele umme doen,
> Den wylt se denne soeken unde vangen,
> Ja, se ropen alle, men schal ene hangen.
> De kleynen deve hengetmen wech,
> De groten hebben nu starck vorhech,
> De móthen vorstaen borghe unde lant.[43]

Das ist eine starke Rede und wenig geeignet für die Ohren der Fürsten und ihrer Minister; umso mehr gereicht es Goethe zur Ehre, daß er wortwörtlich übernimmt, und zugleich gebührt seinem fürstlichen Freund Karl August Anerkennung, daß er keine Zensur einschaltete:

Nimmt ein armer Teufel, wie Reineke, irgend ein Hühnchen,
Wollen sie alle gleich über ihn her, ihn suchen und fangen,
Und verdammen ihn laut mit einer Stimme zum Tode.
Kleine Diebe hängt man so weg, es haben die großen
Starken Vorsprung, mögen das Land und Schlösser verwalten.[46)]

Reineke, der Fuchs, schwatzt sich vom Galgen los, wo ihn sein plumper Nebenbuhler und Todfeind Isegrimm, der Wolf, so gerne hätte hängen sehen. Reineke hat seine Rache gewiß verdient, denn nicht nur hat er ihn mehrmals schmählich angeführt sondern bei solcher Gelegenheit auch die Frau Wölfin Gieremund vergewaltigt; aber als es am Ende zum Zweikampf kommt, bleibt der Fuchs natürlich siegreich – abermals nicht ohne List: das Fell geschoren und den nackten Körper mit Öl gesalbt, betritt er, geschmeidiger denn je, den Kampfplatz; bei seinem Anblick lacht sogar der ihn durchschauende König:

"Als der König Reineke sah, wie dieser...
Glatt geschoren sich zeigte, mit Öl und schlüpfrigem Fette
Über und über gesalbt, da lacht' er über die Maßen.
'Fuchs! wer lehrte dich das?' so rief er;
'Mag man doch billig
Reineke Fuchs dich heißen...
Allerorten kennst du ein Loch und weißt dir zu helfen.'[47)]

Reineke kämpft nicht eben fair: Nachdem er seinen mit ätzendem Urin getränkten und mit dem Sand der Arena panierten Schwanz dem Gegner mehrmals ins Gesicht geschleudert und den vor Zorn verblendeten Wolf dadurch noch mehr geblendet hat, macht er ihn endlich durch gezielte Tiefschläge vollends kampfunfähig.
Und der König? Was sagt der König zu diesem grausamen Kampf-Spiel um die Macht?

„*Viele Worte helfen uns nichts'*, versetzte der König;
'*Alles hab' ich gehört und, was Ihr meinet, verstanden.*

Euch als edlen Baron, Euch will ich im Rate wie vormals
Wieder sehen...
Und Ihr sollt immer an meiner
Stelle reden und handeln, als Kanzler des Reiches. Es sei Euch
Also mein Siegel befohlen, und was Ihr tuet und schreibet,
Bleibe getan und geschrieben."[48)]

Reineke Fuchs hatte schon beim Dey als „Teilungskommissar" Karriere gemacht, später avancierte er zum „Großvesier" bzw. Kanzler und steht nun nahe dem Thron und bestimmt die Politik seines Landes.

Goethes Vulpiade war bei Alten und Jungen eine allbeliebte Lektüre im vorigen Jahrhundert. Das ist weniger erstaunlich, wenn man die Cotta-Ausgabe von 1846 mit den die Lektüre belebenden Illustrationen von Wilhelm Kaulbach zur Hand nimmt. Der französische Karikaturist Grandville hatte schon im Jahre 1842 seine beliebten und berühmt gewordenen '*Scènes de la vie privée et publique des animaux*' erscheinen lassen, in denen Menschen mit verschiedenen Tierköpfen agieren zum Gelächter des selbstkritischen französischen Bürger-Publikums; als der deutsche Maler und Kupferstecher Wilhelm Kaulbach im Jahre 1840 von Cotta den Auftrag erhielt, Goethes 'Reineke Fuchs' zu illustrieren, mag er im Laufe der Jahre wohl mehrmals Einblick genommen haben in Grandvilles 'Scènes', und wie immer seine Bilder sich unterscheiden von französischen Karikaturisten des Bürgertums, so sprechen sie doch ebenso direkt zum deutschen Bürger, umso eindringlicher vielleicht, als die deutschen Länder immerhin noch fürstlichen und königlichen Hoheiten unterstanden und der satirische Strich vornehmlich dem deutschen Adel galt. Kaulbach ist nicht zu Unrecht als der „*Heine unter den Malern*" und Kupferstechern bezeichnet worden; obwohl seine Illustrationen den scharfen Ton der Aggression vermissen zu lassen scheinen und die Reineke-Bilder zunächst nur erheiternd wirken, so erkennt man bei näherem Zusehen doch deutlich genug die satirische Absicht, den Affront gegen die Schranzenwirtschaft und Hofpolitik des hohen Adels. Unter der Maske heiterer Harmlosigkeit passierte die scharfe Adels- und Hof-Satire alle Zensur-Instanzen des Jahrhunderts und zwar nicht nur in Deutschland sondern auch in Österreich und in der Schweiz; heute ist das Buch zwar keine kulturpolitische Provokation mehr, aber es ist immerhin bemerkenswert, daß es zu den klassischen Kinder- bzw. Jugendbüchern gehört, insbesondere in einem Lande, das am meisten zu leiden hatte unter der Willkürherrschaft adliger Magnaten: in Rußland.

Alle Vulpiaden-Dichter haben den Fuchs durchschaut — aber alle erwiesen ihm und seiner Klugheit mit Reimen und Hexametern poetische Reverenz.

Fragen wir endlich: Und das Ende vom Lied?
Goethe kommentierte wie seine Vorgänger den königlichen Beschluß mit einer zweideutigen Bemerkung:
So hat nun Reineke billig
Sich zu großen Gunsten geschwungen und alles befolgt man.
Was er rät und beschließt, zu Frommen oder zu Schaden.[49]

Das Ende vom Lied aber ist eine einzige Frage: Wie kommt es, daß die fast dreitausend Jahre alte Geschichte vom Fuchs so nachdenklich stimmt? Die Könige sind doch längst entthront oder wenigstens entmachtet und die Raubritter vertrieben von ihren Hochburgen! Die Antwort könnte, ausweichend in die ästhetische Verbindlichkeit, so lauten: Die Lehrdichtung erzwingt wie alle Kunst trotz ihrer zeitlichen Gebundenheit zwar einen didaktischen Transfer in die jeweilige Gegenwart, aber sie bleibt doch nur stets Literatur. Sprechen wir ein wenig offener: Die Fabel ist wie alle Kunst eine Schöpfung menschlichen Denkens, und die Fabel-Tiere sind Projektionen menschlichen Bewußtseins, das sich doch wohl gleich geblieben ist von der Antike bis zur Moderne: die Menschen schauen nach wie vor mit neidvoller Bewunderung auf den Glücksritter Fuchs und liebäugeln dabei mit ihren verdrängten Wünschen. Sagen wir es endlich ganz deutlich: Gewiß, die Könige haben abgedankt und die Raubritter haben kapituliert, aber ihre Ämter und Funktionen haben sich im Laufe der Jahrhunderte nicht einmal dem Namen nach sehr geändert, die Oberhäupter der Staaten, die Könige und Präsidenten, haben zwar ihre Macht eingebüßt, aber nach wie vor regieren ihre Kanzler und Minister, und nach wie vor antichambrieren überall die Konjunktur-Ritter; gewiß: die ländlichen Feudalherren haben schon lange ihre Güter verkauft und wohnen in den Residenz-Städtchen und Metropolen, aber ihre privaten und amtlichen Paläste haben nach wie vor mehr als ein Loch — wie einst die Höhle von Reineke Fuchs: Malepartus.

Das wußten auch schon die Dichter der Vulpiaden und waren ratlos, aber sie haben mit einer scheinbar unpolitischen Antwort sich hinweggeholfen über ihre Ratlosigkeit, sie haben einen Rat erteilt, der höher ist denn alle Politik, einen Rat, der ein Appell ist an die menschliche Weisheit: Wenn Reineke eine Provokation, dann ist Reinekes Klugheit eine Herausforderung an den Fuchs im Menschen, klüger zu sein als der Fuchs und weise zu sein wie ein Mensch.

Der Lübecker Dichter schließt:
Sus is nu Reynke hoch gheeret,
So hir myt korte is gheleret.
Eyn yslyk schal syk tor wyßheyt keren,
Dat quade to myden unde de dogede leren.
Dar umme ist dyt boek ghedycht,
Dyt is de syn unde anders nicht.
Fabelen unde sodaner bysproke mere
Werden ghesath to unser lere,
Uppe dat wy undoget scholen myden
Onde leren wyßheyt to allen tyden.[50]

Goethe setzt den niederdeutschen Schluß wörtlich in hochdeutsche Hexameter:
Hochgeehrt ist Reineke nun! Zur Weisheit bekehre
Bald sich jeder und meide das Böse, verehre die Tugend!
Dieses ist der Sinn des Gesangs, in welchem der Dichter
Fabel und Wahrheit gemischt, damit ihr das Böse vom Guten
Sondern möget und schätzen die Weisheit…[51]

Anmerkungen

1) Gerd Heinz Mohr: Lexikon der Symbole. Bilder und Zeichen der christlichen Kunst. Düsseldorf/Köln 1971. S. 112ff.
2) Ez. 13,4
3) Luc. 13,32. Vgl. Gen. 25,25 u. 25,29f.
4) Der Physiologus. Übertragen und erläutert von Otto Seel. Zürich/Stuttgart: Artemis 1960. S. 16.
5) Vgl. ähnlich: Deutsches Sprichwörter-Lexikon. Hrsg. v. Karl Friedrich Wilhelm Wander. 1864. Ndr. Darmstadt: Wissenschaftliche Buchgesellschaft 1964. IV. Nr. 291. 292. 293.
6) Hohes Lied. 7. 8 u. 2. 15. Übs.: Martin Luther.
7) Gesamtausgabe. Übertragen von Rolf Mayr. Düsseldorf/Köln 1967. S. 69.
8) KHM Nr. 38. Zum Fuchs im Märchen s. Antti Aarne u. Stith Thompson: The Types of the Folktale. Helsinki 1963³. Nr. 92A. 248A. 413C. 1250B. 1317 u.ö. Von 99 Tier-Nummern fallen 69 auf den Fuchs.
9) Achim von Arnim und die ihm nahe standen. 3. Band: Achim von Arnim und Jacob und Wilhelm Grimm. Bearbeitet von Reinhold Steig. Stuttgart/Berlin 1904. Brief v. 16. Januar 1813.
10) AaO. Brief v. 28. Januar 1813.
11) AaO. Brief v. 28. Januar 1813.
12) Matth. 4. 9: „et dixit ei (diabolus): Haec omnia tibi dabo, si cadens adoraveris me."
13) H. Petriconi: Die verführte Unschuld. Bemerkungen über ein literarisches Thema. Hamburg 1953.
14) Zur Überlieferung und zur Diskussion um das Fuchs-Märchen s. Kurt Schmidt: Grimms Märchen 'Von der Hochzeit der Frau Füchsin' nebst bisher unveröffentlichten Handschriften aus dem Grimmschen Nachlaß. In: Zeitschrift für Volkskunde. NF Bd. 9. 1938. Jg. 47. S. 177-190.
15) H. C. Schnur: Fabeln der Antike. Griechisch und lateinisch. München: Heimeran-Verlag 1978. S. 108-109.
16) Schnur aaO. S. 110-111.
17) Übs. u. eingel. v. H. Jauss-Meyer. München 1965. S. 174-175.
18) Hrsg. u. übs. v. A. Berteloot u. H. L. Worm. Marburg 1982. S. 12-13.
19) Nach der Ausgabe von Friedrich Prien hrsg. v. Albert Leitzmann. Halle (Saale) 1960. S. 7-8. (= Altdeutsche Textbibliothek No 8).
20) Goethes Werke. Textkritisch durchgesehen und mit Anmerkungen von Erich Trunz. Hamburg 1948 ff. II, 360. (HA)
21) Friedrich Kluge/Walther Mitzka: Etymologisches Wörterbuch der deutschen Sprache. Berlin 1960¹⁸. S. 593: Adh. reginhart kundiger Ratgeber.
22) Schnur aaO. S. 294:
23) Schnur aaO. S. 297.
24) Wander aaO. IV. Nr. 318. W. verzeichnet 437 Sprichwörter und Redensarten über den Fuchs; ausgenommen sind dabei Sprichwörter zum Fuchsbalg und zur Fuchs-Trauben-Szene. Deutlich dominiert im Sprichwort die Betonung der Klugheit und List des Fuchses.
25) Schnur aaO. S. 106-107.
26) Äsopische Fabeln. Zusammengestellt u. ins Deutsche übertr. v. Aug. Hausrath. München 1940. S. 40.
27) M. Luthers Fabeln. Neu hrsg. v. W. Steinberg. Halle 1961. S. 45f.
28) Steinberg aaO. S. 84.
29) Steinberg aaO. S. 46.
30) Fabeln und Erzählungen v. Gottl. Conr. Pfeffel. Hrsg. v. H. Hauff. 2 Bde Stuttgart/Tübingen 1840.
31) Jean de La Fontaine aaO. S. 53. Die Fabel vom Hahn und Fuchs findet sich des öfteren in der Aufklärung, so bei Hagedorn u.a.
32) Gotthold Ephraim Lessings sämtliche Schriften. Hrsg. v. Karl Lachmann. 3. Aufl. v. Franz Muncker. Stuttgart 1886ff. VII, 443.
33) AaO. I, 2, 212f.
34) Gesammelte Schriften. Wien 1873. XI, 37f.
35) Gesammelte Schriften. Wien 1873. XI, 42-43.
36) Historisch-kritische Gesamtausgabe; hrsg. v. Fr. Bohne II, 512.
37) Wander aaO. Nr. 133. 130. 158 u.ö.
38) Gesamtausgabe aaO. IV, 283f.
39) HA X, 359.
40) HA X, 438.
41) HA II, 285.
42) HA II, 286.
43) Reinke de Vos. Lübeck. 1498. Ausg. Prien aaO. S. 138-139.
44) HA II, 323.
45) Ausg. Prien aaO. S. 139.
46) HA II, 370.
47) HA II, 423.
48) HA II, 433.
49) HA II, 433.
50) Prien aaO. S. 223.
51) HA II, 436.

Der Fuchs in der Literatur

Abbildungen

Abb. S. 13 Der Fuchs und die Trauben,
Illustration von Gustav Doré
aus „La Fontaine's Fabeln",
Berlin (um 1880)

Abb. S. 15 Der König, Stahlstich nach einer
Zeichnung von Wilhelm von Kaulbach
aus „Reineke Fuchs von Goethe",
Stuttgart 1867

Abb. S. 17 Der Rabe und der Fuchs,
Illustration von Gustav Doré
aus „La Fontaine's Fabeln",
Berlin (um 1880)

Abb. S. 19 Die Beichte, Stahlstich nach einer
Zeichnung von Wilhelm von Kaulbach
aus „Reineke Fuchs von Goethe",
Stuttgart 1867

Abb. S. 20 Reineke am Galgen,
Illustration von A. Paul Weber
aus „Goethe, Reineke Fuchs",
Langen-Müller Verlag, München 1977

Abb. S. 21 Reineke beim König,
Federzeichnung von Franz Stassen
aus „Reineke Fuchs.
Ein Gedicht in zwölf Gesängen von
Goethe", Berlin 1820

Abb. S. 23 Reineke als Triumphator,
Stahlstich nach einer Zeichnung von
Wilhelm von Kaulbach
aus „Reineke Fuchs von Goethe",
Stuttgart 1867

Der Fuchs im Märchen

von Wolfgang Schultze

Der Fuchs im Märchen

Wenn man den Fuchs als literarisches Thema anspricht, so erinnert man sich in erster Linie an die zahlreichen Fuchs-Fabeln und -Schwänke. Oft ist der Fuchs aber auch in den Märchen enthalten, sei er nun dankbarer Helfer oder selbst der Streiche spielende, verschlagene und listige, ja dämonische Fuchs oder andererseits der fürsorgende und hilfsbereite Geist.

Bei den Griechen, Germanen, Indern, Eskimos und anderen Völkern galt der Fuchs als Jagdbeute. Gejagt wurde der Fuchs wegen seiner Schädlichkeit, wegen seines Pelzes und seines Fleisches. Im deutschen Volksglauben dienten Lunge und Leber des Fuchses als Heilmittel, auch sein Fleisch wurde zur Gesundung gegessen. Neben der Verwendung von Fuchsfett zur Vertreibung von Geschwulsten und als Salbe gegen Wundsein, wurden Kralle und Zahn als Amulette genommen. Fast allen Körperteilen wurde im Volksglauben eine heilende Wirkung bei bestimmten Krankheiten zuerkannt, besondere magische Kräfte wurden dem Fell zugeschrieben.[1] In Ägypten kleideten sich Priester in das Fell des Fuchses, bei den Griechen und Römern wurde Dionysos mit dem Beinamen Bassareus „der mit dem Fuchspelz" geführt.[2]

Durch seine weltweite Verbreitung und den ihm in vielen Kulturen zugeordneten dämonischen Charakter dürfte der Fuchs zu den Tieren gehören, die mit am meisten in der Literatur vertreten sind.

In dieser Abhandlung sollen vor allem einige Aspekte des Fuchses im Bereich der Märchen und im Bereich der Mythologien aufgezeigt werden.

Der Fuchs als dankbares Tier

Es gibt viele Märchen, in denen der Fuchs als dankbares Tier den Menschen mit Gaben belohnt oder ihn bei seinen gefahrvollen Aufgaben berät, unterstützt oder diese sogar für ihn ausführt.

Das Märchen der Brüder Grimm „Der gestiefelte Kater" beginnt damit, daß drei Söhne eines Müllers sich das Erbe aufteilen, wobei der älteste die Mühle bekommt, der zweite den Esel und der dritte den Kater. Hier handelt ein Kater für den Helden. Eine ähnliche Erzählung ist u.a. von den ägäischen Inseln bekannt. Nur ist das dankbare Tier in diesem Märchen eine Füchsin. Das Märchen „Die Füchsin" beginnt mit der Schilderung, daß der einzige Sohn das ererbte Vermögen „*auf Lustbarkeiten, beim Kartenspiel, mit Pferden ... überall*" durchgebracht hatte. Ihm verblieb zuletzt nur noch ein Feld auf dem Lande. Hier baute er sich eine Hütte, lebte von der Jagd und baute Wein an. Die erste reife Traube wird ihm gestohlen. Dies geschieht ebenso in den beiden folgenden Jahren. Um den Dieb zu erwischen, bewacht er diese Traube und entdeckt eine Füchsin, die sich an der Weintraube gütlich tun will. „*Er legt mit der Waffe auf sie an ... «Im Namen Gottes und bei deinen Händen!» schreit die Füchsin «töte mich nicht – dann will ich dich auch zum Könige machen! Töte mich nicht, junger Held, dann mache ich dich zum König!»*"[3] In der Fortsetzung entspricht dieses Märchen nunmehr der Fassung der Brüder Grimm, zu der dieses griechische Märchen eine reizvolle Variante darstellt. Die Begebenheit erinnert hierbei besonders deutlich an die Aesop'sche Fabel vom Fuchs und den Trauben. Ein vergleichbares Märchen ist in jugoslawischen Sammlungen enthalten: „*Der reiche Beg*".[4] In dieser Erzählung beschafft der gefangene und verschonte Fuchs dem Beg die Sultanstochter als Ehefrau.

Es gibt eine ganze Reihe von Märchen dieser Art, in denen die Katze vom Fuchs ersetzt wird, wie in den o.e. griechischen und jugoslawischen Fassungen. Bei den bekannten Märchenfassungen des „*gestiefelten Katers*" ist die Anzahl von Märchen mit dem Kater bzw. der Katze als helfendem Tier im nordeuropäischen Bereich deutlich größer als die Märchen mit dem Fuchs als Hauptfigur. Dagegen ist im süd- und osteuropäischen, sowie im asiatischen Bereich eindeutig der Fuchs vorherrschend.

Bei den Märchen dieses Typs bleibt das Tier Tier, es vergilt die Wohltaten des Menschen als Tier. Diese Vorstellung ist von der Auffassung geleitet, daß die Tiere eine dem Menschen vergleichbare Seele besitzen, ähnliche Ordnungen in ihren Lebensstrukturen haben und dadurch auch zu gleichen Handlungen wie die Menschen kommen. Grundlage dieser Anschauung sind z.B. hinduistische, buddhistische und shintoistische Glaubensvorstellungen, die von der Annahme geleitet werden, daß die Seele des Menschen nach dem Tode wandert und nicht nur als Mensch sondern ebenso als Tier, ja auch als Pflanze wiedergeboren werden kann. Diese Grundlage des Glaubens an die immer wiederkehrenden Seelen im Wiedergeburten-Zyklus bestand auch bei den Germanen. Sie führte soweit, daß bei Verletzung bestimmter Bäume der verursachende Mensch entsprechend bestraft wurde. Hatte dieser z.B. einen Ast am Baum abgesägt, so wurde ihm ein Arm abgehauen. „*Die Seele des Verstorbenen geht in den Baum über, erfüllt ihn gleichsam mit menschlichem Leben, so daß Blut in seinem Geäder umläuft.*"[5]

In dem Grimmschen Märchen „*Vom goldenen Vogel*" ist der Fuchs der dankbare Helfer. Der Fuchs erscheint allen drei Brüdern, die beiden älteren schießen auf den Fuchs, obwohl der Fuchs um sein Leben bittet und dafür einen guten Rat verspricht. Nur der Jüngste verschont ihn und erhält Hilfe und Rat bei seinen gefahrvollen Unternehmungen. Am Schluß dieses Märchens läßt sich der Fuchs von seinem Retter Kopf und Pfoten abschneiden, „*und kaum war es geschehen, als sich der Fuchs in einen Menschen verwandelte, und war der Bruder der Königin, der nun endlich erlöst worden war.*"[6]

Der Fuchs wurde in einigen Fassungen durch den Wolf ersetzt, zuweilen auch durch andere Tiere.

Bei Märchentypen wie das Märchen „*Vom goldenen Vogel*" handelt es sich nicht nur um die Hilfe eines dankbaren Tieres, das Tier bleibt, sondern um die Hilfe eines verwandelten, verzauberten Menschen, der gleichzeitig selbst Erlösung sucht; dem diese Suche nach seinem Erlöser selbst als Voraussetzung zur eigenen Erlösung vorgegeben war. Der Mensch bzw. der Held selbst hat keine Ahnung von dem erlösungssuchenden Tier. Erst nachdem er selbst seine Aufgabe erfüllt hat, wird ihm die Erlösungssuche des Tieres bekannt. In diesen Themenkreis fallen die bekannten Märchen vom Tierbräutigam, die später in Zusammenhang mit den Ehen eines Menschen mit dem Fuchs behandelt werden.

Bei den Brüdern Grimm kennen wir die Märchen: *Das Wasser des Lebens, Die Kristallkugel, Der dankbare Tote*, u.a., in denen der Fuchs nicht vorkommt. In Fassungen anderer Sammlungen und Kulturen ist der Fuchs jedoch dankbarer Tierhelfer.

Der Fuchs in der Mythologie

Betrachtet man im mythologischen Bereich die Stellung des Fuchses, so sind weltweit erstaunliche Parallelen festzustellen. In zahlreichen Kulturen steht der Fuchs im Zusammenhang mit der Vegetation.
Bereits in Mesopotamien war der Fuchs dem Gott ENLIL, dem Vegetationsgott zugehörig und war dessen Erkennungszeichen.[7] Der Gott ENLIL wurde mit Fuchsgesicht dargestellt.

In der germanischen Mythologie war der Fuchs das Tier DONARS (nordisch Thor), des urkräftigen Donnergottes „*über Wolken und Regen, über Berge und Felsen gebietend, durch Donner und Blitz sich bekundend. Von rotem Haar und Bart, auf einem rollenden Wagen,*" wahrscheinlich „*mit zwei Böcken (Bild der Wolken) bespannt, in den Wolken fahrend, schleudert er seinen Hammer (oder die Axt) herab, der (nach nordischer Sage) immer wieder in seine Hand zurückkehrt, und spaltet damit Felsen und Berge*", ... „*Die Felsen zerspaltend, mit dem Donnerkeile den Boden öffnend, machte er ihn fruchtbar und begründet so den Feldbau.*"[8] So war DONAR auch Gott des Feldbaues. Hier sei festgehalten, daß im Volksglauben der Fuchs im Zusammenhang mit dem Korn gesehen wurde, so gibt es Kornfüchse, die durch das Korn laufen und in der letzten Garbe sitzen.[9] Als Beispiel sei hier ein toscanisches Märchen zitiert:

„*Es will ein Hähnchen mit seinem Vater (dem Hahn) in die Maremma gehen, um Futter zu suchen. Sein Vater räth ihm, es nicht zu thun, aus Furcht vor dem Fuchs; doch das Küchlein ist eigensinnig; auf dem Wege trifft es den Fuchs, der es auffressen will, als das Hühnchen ihn bittet, es doch in die Maremma gehen zu lassen, wo es fett werden, Eier legen, Junge ausbrüten und so dem Fuchse mit einem viel gehaltreicheren Mahle aufwarten werde, als es jetzt könne. Der Fuchs ist zufrieden. Das Hühnchen brütet hundert Junge aus; als sie groß geworden sind, machen sie sich auf den Heimweg; jedes von Ihnen trägt eine Ähre im Schnabel, nur das jüngste nicht. Auf dem Wege treffen sie den Fuchs, der auf sie wartet; verwundert beim Anblick der Thiere, die alle Stroh im Schnabel haben, fragt er die Alte, was sie denn tragen. „Lauter Fuchsschwänze," entgegnete diese; der Fuchs giebt Fersengeld.*"[10]

In der griechischen Mythologie war der Fuchs Natursymbol – neben anderen Tieren – und gehörte zu DIONYSOS.[11] In den altperuanischen Kulturen spielte der Fuchs eine große Rolle. In der späteren Chimu-Kultur gehörte der Fuchs-Dämon zum Gefolge des Mondgottes SI, des Herrn der Tiere und Pflanzen.[12] In der Hindu-Mythologie ist der Fuchs der Bote VISHNUS.[13] In China kennen wir den Götterfuchs SHOUYANG[14] und in Japan gehört der Fuchs zum Vegetationsgott INARI und gilt als Götterbote. In China wie in Japan sind dem Fuchs eigene Tempel geweiht, in denen oftmals ein lebendiger Fuchs, als heiliges, gottgeweihtes Tier gehalten wurde. Die Fuchstempel sind oft niedrig und mit kleinem engem Eingang versehen. Symbolisch stand der enge Durchlaß für die Größe des Fuchses, für den Menschen war der Besuch des Tempels mit Mühsal verbunden.

In einer Sage der Aino (alte Volksgruppe in Nordjapan) wird die Herrschaft über die Erde entschieden.

„*Als der Schöpfer diese Welt der Menschen geschaffen hatte, waren die guten und die bösen Götter alle zusammen (untereinandergemengt). Sie stritten. Die bösen wollten die Welt beherrschen und die guten auch. Da trafen sie folgendes Abkommen: Wer zur Zeit des Sonnenaufgangs zuerst das leuchtende Gestirn erblickt, soll die Welt beherrschen. Wenn die bösen Götter sie zuerst aufgehen sähen, sollten die bösen herrschen, und wenn die guten sie zuerst sähen, sollten die guten herrschen. So sahen also alle Götter zusammen dahin, wo das Gestirn aufgehen sollte. Nur der Fuchsgott sah gen Westen.*

Nach einiger Zeit rief er aus: „Ich sehe die Sonne aufgehen!" Alle Götter, die bösen wie die guten sahen sich um, und wirklich: Sie sahen den Abglanz des Gestirns im Westen. Darum herrschen jetzt die leuchtenden (guten) Götter."[15]

In den Mythologien und im Volksglauben wurde der Fuchs außerdem in Verbindung mit dem Blitz und dem Feuer gesehen. So galt der Fuchs als Feuerbringer bei den südamerikanischen Tobas.[16] In China kann der Fuchs mit seinem Schwanz Feuer schlagen, wenn er ihn über den Boden streicht.[17]

Fuchsfeuer

„*Es war einmal ein Bauer, der war jung und stark und kam eines Abends spät vom Markte heim. Der Weg führte an dem Garten eines reichen Herrn vorbei, in dem viele hohe Gebäude standen. Plötzlich sah er drinnen etwas Helles in die Höhe schweben, das leuchtete wie eine Kristallperle. Er wunderte sich darüber und stieg über die Mauer in den Garten, aber da war kein Mensch zu sehen; nur von weitem erblickte er ein Ding, das sah aus wie ein Hund und schaute nach dem Mond empor. Immer wenn es den Atem ausstieß, kam eine Feuerkugel aus seinem Maul heraus, die stieg empor bis zum Mond. Wenn es den Atem einzog, so senkte sich die Kugel wieder herunter und es fing sie mit dem Maule wieder auf. So ging es unaufhörlich fort. Da merkte der Bauer, daß es ein Fuchs war, der das Lebenselexier bereitete. Er versteckte sich nun im Gras und wartete, bis die Feuerkugel wieder herunterkam, ungefähr in die Höhe seines Kopfes. Da trat er eilend hervor und nahm sie weg. Sofort verschluckte er sie. Er fühlte, wie es ihm heiß die Brust hinunterging bis in die Gedärme hinein. Als der Fuchs es merkte, wurde er böse. Er blickte ihn wütend an, doch fürchtete er sich vor seiner Stärke; darum wagte er nicht, ihn anzugreifen, sondern ging zornig weg.*

Von da ab konnte der Bauernbursche sich unsichtbar machen, er konnte Geister und Teufel sehen und hatte Verkehr mit der anderen Welt. Er konnte in Krankheitsfällen, wenn die Leute bewußtlos waren, ihre Seelen wieder zurückrufen und wenn sich jemand versündigt hatte, für ihn eintreten. Er verdiente sehr viel Geld auf diese Weise.

Als er sein fünfzigstes Jahr vollendet hatte, da zog er sich von all diesen Dingen zurück und übte seine Künste nicht mehr aus. An einem Sommerabend saß er in seinem Hof, um die Kühle zu genießen. Er trank für sich allein einen Becher Wein um den anderen. Um Mitternacht war er vollkommen betrunken. Er stemmte die Hände auf den Boden und erbrach sich. Da war es ihm plötzlich, als ob ihm jemand auf den Rücken klopfte. Das Erbrechen wurde heftiger und schließlich sprang die Feuerkugel ihm zum Halse heraus.

Der andere nahm sie in die Hand und sprach: »Dreißig Jahre lang hast du meinen Schatz entlehnt. Aus einem armen Bauernburschen bist du ein reicher Mann geworden. Nun hast du genug. Ich möchte ihn wieder zurückhaben.«
Da ward der Mann vollkommen nüchtern. Aber der Fuchs war weg."[18]

Der Fuchs wird in vielen Volksüberlieferungen als Wetterdämon bezeichnet. Die Finnen nennen das Nordlicht Feuer des Fuchses.[19] Im alten Testament wird der Fuchs in Zusammenhang mit Feuer geschildert.

Im „Buch der Richter" lesen wir (Ri 15, 4-5):

„*4. Und Simson ging hin und fing dreihundert Füchse und nahm Brände und kehrte je einen Schwanz zum andern und tat einen Brand je zwischen zwei Schwänze.*

5. und zündete die Brände an mit Feuer und ließ sie unter das Korn der Philister und zündete also an die Garben samt dem stehenden Korn und Weinberge und Ölbäume."

Von den alten Römern wird berichtet, daß sie brennende Füchse durch die Felder jagten. In Paris soll beim Johannisfeuer ein lebender Fuchs verbrannt worden sein.[20]

Der rote Fuchs als Blitztier wird in Holstein und Westfalen zu Sommeranfang umgetragen (Grimm Reinh. Fuchs CCXIX) und im Osterfeuer verbrannt.[21] Ausführliche Nachweise über die Gebräuche im Zusammenhang mit dem Fuchs sind im „Handwörterbuch des Deutschen Aberglaubens" und in der „Enzyklopädie des Märchens" zu finden.

Fuchs und Zahl

In der voranstehenden Abhandlung „Der Fuchs war ein Jurist vom Fach" ist das Märchen der Brüder Grimm „Die Hochzeit der Frau Füchsin" abgedruckt. Hierzu sind noch einige Anmerkungen zu machen:

Wird das „Neunzeiselschwänzige" auf die Stärke des Tieres bezogen: „*denn im Schwanz steckt seine Kraft, auf ihm läßt er reiten*"[22], so darf nicht übersehen werden, daß es mit der Ziffer Neun eine besondere Bewandtnis hat. Erstaunlich ist, daß neunschwänzige Füchse erst wieder im chinesischen Reich bekannt sind. Handelt es sich hier um eine Bearbeitung einer Erzählung, die aus dem Reich der Mitte nach Europa gelangte?

Die Füchse gelten in China als zauberkräftige Tiere und erlangen mit hundert Jahren die Fähigkeit, sich in jede Gestalt zu verwandeln. Mit tausend Jahren hat der Fuchs dann neun Schwänze, sein Fell wird weiß oder golden und er erlangt das menschliche Gesicht, das allhörende Ohr, das Wissen alles Vergangenen und Zukünftigen und die Fähigkeit, in der Seele jedes Menschen zu lesen[23]

Die Neun spielt eine zentrale Rolle im chinesischen Denken. Neun findet sich überall in den Gebräuchen und den mythologischen Anschauungen der Chinesen. Sie wird deutlich bei den neun Divisionen in der Mathematik, bei den neun Graden der offiziellen Stände und den neun Familiengraden; neun war das Symbol der dreifachen Umdrehung und der Kindwerdung während neun Monaten.[24]

Aber nicht nur bei den Chinesen prägte die Neun das tägliche Leben, sie hat in fast allen Kulturen außergewöhnliche Bedeutungen, wie z. B. im türkisch-persischen, im griechisch-römischen, in Alt-Mexiko, sowie besonders auch im indogermanischen.

Der neunschwänzige Fuchs mit seinen magischen Kräften tritt jedoch nur im chinesischen Kulturkreis auf.

Mensch als Fuchs-Hexe

Die besondere Ausprägung des Fuchsglaubens in den Ländern China, Japan und Korea führte dazu, daß dem Fuchs in der Erzähltradition ein sehr hoher Stellenwert gegeben wurde. In den fernöstlichen Ländern hat die Verwandlungskunst des Fuchses Ehen eines Menschen mit einem Fuchs begründet (der sich in der Regel in eine reizende junge Frau verwandelt). Im europäischen Bereich ist dies nahezu unbekannt. Geläufig sind in unseren Breiten Erzählungen, die von der Verwandlung einer Frau in einen Fuchs erzählen.

Hexe als Fuchs

„Hexen hat es auch in Wustrow gegeben. Sie konnten allerlei Thiergestalten annehmen. Einst ging eine Hexe in Fuchsgestalt übers Feld und bezaubert das Vieh ihres Nachbarn. Wie sie damit fertig ist und nach Haus will, kommt ihr Mann von seinem Tagewerk heim. Sie ergreift bei seinem Anblick die Flucht, schlüpft durch die Hinterthür und versteckt sich im Bett. Aber sie hat es so eilig, daß sie den Schwanz heraushängen läßt. Das sieht der Mann und läuft nach seinem Beil, um den Fuchs zu töten. Wie er zurückkommt, liegt seine Frau im Bette und der Fuchs sammt Schwanz ist verschwunden."[25]

Diese Erzählung geht auf die veränderte Stellung des Fuchses in der christlichen Erzähltradition zurück. Hier ist der Fuchs nicht mehr dämonisches Tier im Sinne eines zauber- und verwandlungsfähigen Wesens, sondern hier wird der dämonische Fuchs zum teuflischen Tier. Dieses teuflische Tier wird dann übertragen auf den Hexenglauben, so daß sich die Hexen auch in Füchse verwandeln können. Dieser Glaube herrschte in fast allen deutschen Gebieten, wie auch in den anderen christlichen Glaubensbereichen.

Fuchs als Schwankfigur

Im fernöstlichen Kulturkreis war der Fuchs diesen Einflüssen nicht ausgesetzt. Hier blieb er das zauberfähige, hoch in der Kunst der Verwandlung bewanderte listenreiche Wesen, das doch mit dem Menschen gerne Schabernack trieb und ihn lehrte, die Götter in Japan, besonders Gott INARI zu ehren, wie die nachfolgende Geschichte zeigt.

Der vom Fuchs verhexte Säufer

„Es war einmal ein Säufer, der eines Tages zur Stadt ging und Lachs einkaufte. Nachdem er darauf seinem geliebten Reiswein wiederum recht kräftig zugesprochen, machte er sich erst spät in der Nacht auf den Rückweg. Der Pfad führte ihn an dem Schreine des INARI, des Gottes der Fruchtbarkeit, dessen Boten Füchse sind, vorüber. Kaum hatte er das Heiligtum erblickt, als er in seiner Trunkenheit den Gott INARI auch schon zu schmähen begann: „Du INARI, bist du mächtig? Raube mir doch meinen Lachs, wenn du dazu stark genug bist! Sicherlich kannst du das nicht!" Nachdem er so gehöhnt, setzte er seinen Weg fort. Es dauerte nicht lange, so traf er seine Frau, die ihm entgegengegangen war. „Warum kommst du so spät?", fragte sie gleich. Da antwortete er unwirsch, das brauche sie nicht zu kümmern, sie brauche ihn überhaupt nicht empfangen. Dann brüstete er sich, eben hat er den Gott INARI verspottet und ihm ins Gesicht gesagt, daß selbst er, INARI, ihm seinen Lachs niemals rauben könne. Die Frau warnte ihn, nahm den Fisch und sie kehrten zurück. Als sie vor seinem Haus angekommen waren, war die Frau plötzlich verschwunden. Er klopfte an die Tür; die Tür war geschlossen und niemand öffnete. Da klopfte er lauter und rief. Als endlich seine Leute erwachten und herbeieilten, um ihn einzulassen, fanden sie ihn zu ihrer Verwunderung vor der rückwärtigen Wand seines Hauses stehen. Er erzählte, daß seine Frau ihm auf halbem Wege entgegengekommen sei und ihm den Lachs abgenommen habe. Aber sie erwiderten: „Die Mutter schläft ja drinnen!" Bald merkten sie, daß die Füchse ihn behext haben mußten. Am nächsten Morgen erzählte unser Säufer dasselbe noch einmal und fragte, ob seine Frau den Lachs, den er gestern gekauft habe, mitgebracht habe? Sie sagten, daß kein Fisch da sei. Sicherlich habe er INARI gelästert und sei von ihm bestraft worden. Er solle nur wieder zum Schreine gehen und den Gott um Entschuldigung bitten! Er tat es; da fand er auch seinen Lachs dort im Schreine wieder."[26]

Die Kunst, den Menschen zu necken, gepaart mit seiner Fähigkeit der Verwandlung, werden in den nachfolgenden Märchen deutlich, die vor allem aufzeigen, daß die Fuchsgestalt in all ihren Formen in das tägliche Leben verwoben ist.

Der Fuchs im Teehaus

Es war einmal in Mimasaka ein Teehaus am Wege. Hier machten die Reisenden Rast. Dieses Teehaus gehörte einem Mann mit Namen Kihei.

Eines Tages trat ein herrlicher Samurai ein, um eine Tasse Tee zu trinken. Kihei beobachtete diesen einsamen Gast aufmerksam. Seine Kleidung, der Hakama (Hosenrock der japanischen Festkleidung), der Kimono und das Katana (Schwert) waren echt, nur sein Gesicht hatte einen merkwürdigen und seltsamen Ausdruck. Die Haare waren ins Gesicht gekämmt und Nase und Mund, die sichtbar waren, liefen spitz zu. Das Ohr leuchtete dreieckig hervor. Es mußte ein Fuchs sein, der sich in einen Samurai verwandelt hatte.

Kihei fand es sehr lustig und konnte sich das Lachen kaum verkneifen. Kihei brachte dem Samurai ein mit Wasser gefülltes Waschbecken und sprach: „Herr Samurai, hier bringe ich ihnen Wasser, damit sie sich ihr Gesicht waschen können!" Stolz wie ein Samurai neigt der Fuchs seinen Kopf über das Wasser. Jetzt entdeckt er zu seiner Überraschung, daß sein Spiegelbild im Wasser das Gesicht eines Fuchses ist. Er hatte sich in einen stattlichen Samurai verwandelt und nicht bemerkt, daß die Verwandlung nicht vollkommen gelungen war. Er bellte überrascht auf und sprang hurtig zum Teehaus hinaus.

Am anderen Tag ging Kihei in den Wald zum Holzmachen. Als er seine Axt schwang, hörte er eine Stimme hinter den

Bäumen hervorrufen mit den Worten „Kihei, Kihei". „Wer ruft mich?" fragte Kihei zurück. „Es war gestern sehr lustig, nicht wahr?" antwortete die Stimme. Nun verstand Kihei, daß die Stimme vom Fuchs kam, der gestern als Samurai Gast in seinem Teehaus war und er lachte mit.

Früher verwandelte sich der Fuchs in die verschiedensten Menschen und wie in dieser Geschichte lacht der Fuchs mit dem Menschen. Diese Geschichte soll sich vor langer Zeit tatsächlich ereignet haben.[27]

Eine Geschichte, in der der Fuchs sich nicht in einen Menschen, sondern in eine Statue verwandelt, ist die nachfolgende:

Der Fuchs und ein junger Tempelschüler

Es gab einmal einen Tempelschüler mit Namen Zuiten. Er lebte als Schüler mit einem alten Priester in einem einsamen Bergtempel zusammen. Eines Tages war der Meister abwesend und Zuiten hatte den Tempel zu bewachen.

Als er im Tempel wachte, hörte er eine Stimme, die rief „Zuiten". Er glaubte, sein Meister sei zurückgekehrt und trat hinaus, aber niemand war zu sehen. Daraufhin kehrte er in den Tempel zurück. Nach kurzer Zeit rief es wieder „Zuiten". Er trat wieder vor den Tempel, meinte aber, daß es wohl nicht sein Meister sein könne, sondern daß es Gäste sein müßten. Aber auch diesmal war niemand zu erblicken. Immer wieder, wenn er in den Tempel zurückkehrte, rief eine Stimme „Zuiten" und wenn er vor den Tempel trat, war jedesmal keiner zu sehen. Nachdem er so einigemal genarrt wurde, blieb er vor dem Tempel stehen und beobachtete die Umgebung.

Er sah einen Fuchs, der auf ihn zukam und seinen Rücken gegen die Pforte lehnte. Der Fuchs strich mit seinem Schwanz an der Pforte antlang und es machte „Zui", dann neigte er den Kopf gegen den Boden und klopfte und es machte „Ten".

Eines Tages beobachtete Zuiten, wie der Fuchs seinen Schwanz an der Pforte entlang streichen wollte, er riß die Tür auf und der Fuchs fiel in den Tempel hinein. Sofort schloß Zuiten die Pforte, damit der Fuchs nicht entfliehen konnte. Der Fuchs versteckte sich in der Hauptkapelle des Tempels, in der sich die Buddhastatue befand. Als Zuiten nacheilte, sah er auf einmal zwei Buddhastatuen vor sich. Obwohl er beide Statuen genau betrachtete, konnte er nicht entscheiden, welches die echte und welches die unechte Buddhastatue war. Nach einigem Überlegen sprach Zuiten: „Ich will jetzt zu Buddha und wenn ich meine Worte eindringlich

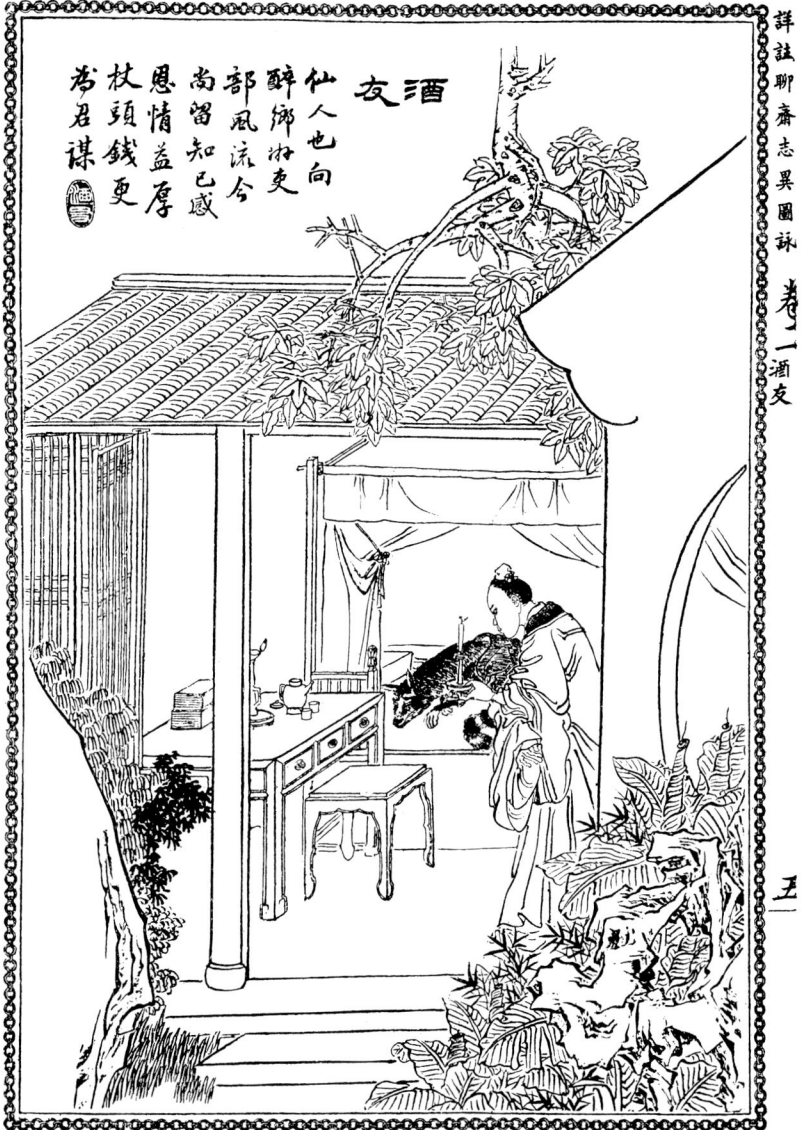

an ihn richte, streckt er immer, als Zeichen des Verstehens, seine Zunge heraus".

Zuiten begann zu beten und schlug wie gewöhnlich den hölzernen Fisch-Gong. Nunmehr reckte der falsche Buddha seine Zunge heraus. Zuiten sagte nach Abschluß seines Betens: „Jetzt will ich Buddha das Essen auftischen. Buddha möge so freundlich sein und sich wie immer in den Speisesaal begeben." Zuiten begab sich hierauf in den Speisesaal. Der Fuchs folgte ihm. Zuiten sagte hierauf: „Hochverehrter Buddha, nimm die rituellen Waschungen vor, die, wie immer, vor dem Auftragen des Essens vollzogen werden." Er holte nunmehr den Waschkessel aus der Küche, und der Fuchs begab sich hinein. Zuiten sprach den sich behaglich setzenden, als Buddha verwandelten Fuchs an: „Wenn du dich nicht sofort entschuldigst, mache ich Feuer unter den Kessel und heize dir kräftig ein".

Der Fuchs erschrak und zitterte im Kessel, er erwiderte: Ich war es, der dich immer wieder verulkt hat, erlaube mir bitte, mich in meine natürliche Gestalt zurück zu verwandeln, ich will dich nicht mehr necken."[28]

Ehen mit Füchsen

Neben diesen Geschichten, die den Fuchs als ein Tier zeigen, das gerne Schabernack treibt, der sich enweder mit dem Menschen oder auch über den Menschen freut, gibt es zahlreiche Märchen von Ehen mit Füchsen, die sich in der Regel in ein außergewöhnlich schönes junges Mädchen oder auch in einen schönen jungen Mann verwandelt haben.

Die Verwandlungskunst setzt der Fuchs teilweise ein, um den Menschen zu vernichten. Ursache ist oftmals eine gotteslästerliche Handlung des Menschen. Es wird eine Geschichte erzählt, in der sich der Fuchs in die Gestalt der JUWELEN-MAID verwandelt hatte, um den Kaiser zu töten. Die Verwandlung wurde durch einen Magier entdeckt und der Fuchs entfloh.

In einer anderen Erzählung aus China beleidigte Kaiser Chou-Wang eine Göttin. Diese beschloß seinen Tod und schickte den tausendjährigen Fuchsdämon zu seiner Vernichtung.

Dieser Fuchsgeist erschien dem Kaiser in Gestalt der Tochter eines Lebensfürsten von wunderbarer Schönheit und hoher Tugend. Diese wurde seine Hauptfrau und ihr gelang es, ihren dämonischen Einfluß so auszunutzen, daß der Kaiser ums Leben kam. Dies ist eine chinesische Mythe aus der Literatur des 17. Jahrhunderts.[29]

Neben diesen Fähigkeiten, lebensvernichtend zu wirken, werden andererseits Geschichten erzählt, die glückhaft verlaufen. Entweder führt der Fuchs den Menschen zu großem Reichtum, ähnlich den Erzählungen von den dankbaren Tieren oder es wird eine glückliche und dauerhafte Ehe gestiftet. Als Beispiel sei aus der Veröffentlichung *„Die Gingkofee*[29] *Chinesische Märchen aus der Provinz Schandung"*, die Erzählung *„Der Teestrauch"*, auszugsweise wiedergegeben.

„. . . Und wenn er den Fuchs mit der bloßen Hand berührte, sprühten knisternd Funken. Er dachte: „Alle sagen, es gäbe einen Feuerpelz. Vielleicht wird der aus einem solchen Fuchs gemacht. Mit so einem Pelz braucht man die schlimmste Kälte nicht zu fürchten. . ."[30]

In dieser Schilderung kommt ganz deutlich die Vorstellung von der magischen Wirkung des Fuchspelzes zum Ausdruck. In der weiteren Fortsetzung dieses Märchens, in der der junge Bauer das Leben des gefundenen Fuchses geschont hatte, besucht er diesen in seiner Heimat. Die Füchse führen ein geordnetes Gemeinschaftsleben im Dorfe der Füchse. Die Vorstellung eines geordneten Staatswesens innerhalb der Fuchsgemeinschaft ist auch in Japan bekannt.

Auf dem Rückweg wird der junge Bauer von dem Fuchs, der sich übrigens zu einem jungen Mann verwandelt, begleitet und seiner Nichte als Bräutigam zugeführt. Mit dieser ebenfalls zum Menschen verwandelten Füchsin, verbrachte der junge Bauer die Tage in Freude und Glück.

In einem anderen Märchen Das Geisterhaus aus *„Sagen und Märchen aus dem Reich der Mitte"*[31] wird das Erlebnis eines jungen Mannes geschildert, der von Verwandten das von ihnen verlassene Anwesen Fuchsheim übernimmt und der ähnlich wie in dem Märchen *„Von einem der auszog, das Fürchten zu lernen"* keine Furcht kannte und die Geistererscheinungen furchtlos parierte. Als letzte Erscheinung waren Räume seines Anwesens von Füchsen bewohnt, die dort in Menschengestalt lebten. Hier verliebte sich der junge Gelehrte in die reizende Tochter und in vollem Bewußtsein, eine Füchsin zu heiraten, stimmte er auch der Auflage zu, ihr niemals ihre Herkunft vorzuwerfen bzw. zu benennen. Als er nach einigen Jahren der Ehe

Der Fuchs im Märchen

dieses Versprechen vergaß und seiner Frau ihre Herkunft vorwarf, verschwand sie in Fuchsgestalt in die entfernten Drachenberge. Um seine Frau wiederzuerlangen, hatte nun der junge Mann drei Aufgaben zu erfüllen, und zwar dreimal Füchsen aus der Not zu helfen. Nachdem diese Aufgaben erfüllt waren, kehrte seine Füchsin in Menschengestalt zurück und sie lebten weiterhin in Glück.

Diese beiden Märchen zeigen einen glücklichen und dauerhaften Ausgang einer Ehe zwischen einem Menschen und einem Tier, welches sich in Menschengestalt verwandelt hat. Kinder, die diesen Ehen entsprießen, sind meist mit außergewöhnlichen Fähigkeiten und Begabungen ausgestattet. So sei es eine geschichtliche Tatsache, „*daß Abe no Seimei, der Sohn einer Fuchsmutter, ein berühmter Gelehrter der Astronomie und ein Seher im älteren Japan war. Sicherlich hat man seine Fähigkeit in dieser geheimnisvollen Kunst seiner Abstammung von der Fuchsmutter zugeschrieben.*"[32]

Die Herkunft vieler außergewöhnlicher Herrscher, Gelehrter, Heerführer etc. wird auf ein Kind einer Ehe zwischen Menschen und Fuchs zurückgeführt. Auch soll die Mutter des sagenhaften Königs Wu in China eine Füchsin gewesen sein.

In den vorangegangenen Ausführungen wurde der einerseits unheilbringende und andererseits der dauerhaft Glück bringende Fuchs in Ehen mit dem Menschen in der chinesisch-/japanischen Erzähltradition dargestellt. Die Erzähltradition beschränkt sich jedoch nicht nur auf diese Bereiche, sie umfaßt vielmehr die gesamte Palette zwischenmenschlicher Beziehungen. Auch im Bereich des Zauberkundigen ist der Fuchs zuhause.

Eines der beliebtesten Märchen in Japan ist das folgende:

Kuzunoha, die weisse Füchsin

„*Eines Tages erging sich YASUNA im Park des Reisgottes INARI, dem der Fuchs als Schutztier zugehörte. Plötzlich kam ein Fuchs, der von den Jägern verfolgt wurde, auf YASUNA zu und bat um Hilfe. Dieser versteckte ihn in den Falten seines Gewandes. Als die Jäger außer Sicht waren, ließ YASUNA den Fuchs wieder frei. Einige Zeit später begegnete er einem sehr schönen Mädchen, in das er sich verliebte und das er heiratete. Sie schenkte ihm einen Sohn, starb jedoch bei der Geburt des Kindes, worüber YASUNA sehr unglücklich war. Im Traum erschien ihm seine verstorbene Gattin in Gestalt einer weißen Füchsin und verriet*

ihm, daß sie es gewesen sei, die er gerettet habe und daß sie ihm einen Sohn zum Dank geschenkt habe. Sie tröstete ihn und soll nach einer weiteren Version an die Wand des Hauses geschrieben haben: „Wenn ihr voll Sehnsucht seid, dann geht in den Park von IZUMI, suchet und ihr werdet ein Blatt von KUZU (ihr Name) finden."[33]

Aber nicht nur im chinesisch-/japanischen Gebiet wird die Ehe mit einer Füchsin mit einem Menschen erzählt. Auch die Eskimos kennen solche Ehen, wie die folgende Geschichte zeigt:

Die Geschichte vom Mann und seiner Fuchs-Frau

„*Ein Jäger, der ganz allein lebte, fand, als er nach einiger Abwesenheit zu seinem Lager zurückkam, daß ihn jemand besucht hatte und alles in Ordnung gebracht, wie es ein pflichtgetreues Weib tun soll. Das geschah so oft und ohne irgendwelche sichtbare Spuren, daß der Mann beschloß, dem nachzugehen, um zu sehen, wer denn eigentlich seine Kleider reinschabe, seine Stiefel zum trocknen aushänge und gutes, warmes Essen ko-*

che, bevor er zurückkam. Eines Tages ging er weg, als ob er auf die Jagd ginge, versteckte sich aber so, daß er den Eingang des Hauses beobachten konnte. Nach einer Weile sah er einen Fuchs hineinschlüpfen. Er glaubte, der Fuchs sei auf Nahrungssuche. Er schlich sich zur Hütte und als er eintrat, sah er ein sehr schönes Weib in Fellkleidern von wunderbarer Arbeit. In der Hütte hing an einer Leine ein Fuchsbalg. Der Mann fragte, ob sie es gewesen wäre, die das alles gemacht habe. Sie sagte, sie wäre seine Frau und es sei nur ihre Pflicht, das zu tun und sie hoffe nur, ihre Arbeit zu seiner Zufriedenheit getan zu haben.

Nachdem sie kurze Zeit zusammengelebt, bemerkte der Mann einen Moschusgeruch im Haus und fragte, ob der von ihr wäre. Sie antwortete, daß sie es sei, die so rieche und wenn er darin einen Fehler sehe, so werde sie ihn verlassen. Sie streifte ihre Kleider ab, nahm wieder das Fuchsfell um und schlich davon. Und seit dieser Zeit war sie nie wieder dazu aufgelegt, einen Mann zu besuchen." [34]

In einer anderen Erzählung bei den nordamerikanischen Indianern will der Fuchs die Tochter des Häuptlings heiraten. Doch diese starb. Durch die ständigen Besuche des Leichnams belebte der Fuchs die Häuptlingstochter und heiratete sie. Als der Häuptling dies erfuhr, überrannte er mit all seinen Freunden den Fuchs und führte seine Tochter dem ursprünglich versprochenen Freier, dem Hirsch zu. Doch die Häuptlingstochter entfloh immer wieder und kehrte zum Fuchs zurück. Dem Fuchs, der sie ins Leben zurückgerufen hatte, wurde nun ein Recht an ihr zuerkannt und das junge Ehepaar lebte noch lange in Ruhe und Freude. [35]

Wie im nordamerikanischen Bereich, so ist der Fuchs auch als verwandelter Mensch in Südamerika, z. B. in Peru, bekannt. *„Da nähert sich ein halberwachsenes Füchslein in menschlicher Gestalt in seinem rostbraunen Kleidchen und seinem rostbraunen Hütchen dem Kaufmann".* [36]

Die Klugheit des Fuchses

Aus den vielen Beispielen der Volksüberlieferungen, die von der Klugheit des Fuchses berichten, möchte ich ein japanisches zitieren:

„Einmal raubte ein Fuchs Enten, die im Winkel eines Bauernhauses in einem Bambuskäfig gehalten wurden. Darauf legten die Leute aus dem Hause schwere Steine vor den Käfig, damit der Fuchs nicht heranköne. Doch in der nächsten Nacht raubte er wiederum eins der laut schreienden Tiere. Die Leute wunderten sich, wie der Räuber ohne Geräusch die schweren Steine vor dem Käfig hatte von der Stelle bewegen können und sie beschlossen, in der folgenden Nacht den Fuchs heimlich zu beobachten. Richtig schlich er um Mitternacht heran, umschlang mit seinen Vorderfüßen einen der Steine und ließ sich dann mit ihm zusammen rückwärts fallen. So stürzte der Stein mit dem weichen Körper des Fuchses und verursachte deswegen nicht das geringste Geräusch." [37]

Den Fuchs erleben wir draußen in der Natur äußerst selten, im Zoo wird er wenig gezeigt und so bleibt seine Gestalt in unserer Vorstellung meist schemenhaft. Im volkskundlichen ist er ein erfolgreicher oder kluger, der jeweiligen Situation sich anpassender Handelnder, der seinen eigenen Vorteil nicht vergißt.

Im chinesischen Weisheitsbuch „I Ging" heißt im vierundsechzigsten und letzten Kapitel: *„Vor der Vollendung":*
Wenn aber der kleine Fuchs, wenn er beinahe den Übergang vollendet hat, mit dem Schwanz ins Wasser kommt, dann ist nichts, das fördernd wäre." [38]

Die Vollendung wird also nur mit äußerster Vorsicht erreicht.

„Man muß vorgehen wie ein alter Fuchs, der übers Eis geht. In China ist die Vorsicht des Fuchses, wenn er übers Eis geht, sprichwörtlich. Er horcht stets auf das Krachen und sucht sich sorgfältig und umsichtig die sichersten Stellen aus. Ein junger Fuchs, der diese Vorsicht noch nicht kennt, geht darauf los und da kann es vorkommen, daß er hinfällt, wenn er beinahe schon über das Wasser ist und seinen Schwanz naß macht." [38] Nach dem I Ging bedeutet das, daß man vorsichtig und mit Sorgfalt an die Dinge herangeht, um seine Vorhaben zu einem guten Ende zu bringen.

Literatur

HdA – Handwörterbuch des deutschen Aberglaubens, Band III,
Berlin – Leipzig 1930/1931

EdM – Enzyklopädie des Märchens Band 5, Lieferung 2/3, Berlin – New-York 1986

Aarne-Thompson,
The Types of the Folktale,
Helsinki 1973

Ashiya Mizuyo,
Japanische und Deutsche Tiermärchen, besonders Fuchsmärchen, in ihrem Wesen und nach ihrer volkstümlichen Grundlage,
Köln 1939

Bartsch Karl,
Sagen, Märchen und Gebräuche aus Mecklenburg
Reprint-Ausgabe
Wien 1879

Bolte-Polivka,
Anmerkungen zu den Kinder- und Hausmärchen der Brüder Grimm,
Leipzig 1913-1932

Brockhaus-Enzyklopädie,
17. Auflage,
Wiesbaden 1968

Dähnhardt Oskar,
Natursagen,
Leipzig und Berlin 1910

Endemann G.,
Sagen und Märchen aus dem Reich der Mitte,
Berlin o.J.

Gerhard Eduard,
Griechische Mythologie,
Berlin 1854

Gray John,
Mythologie des Nahen Ostens,
Wiesbaden 1969

Grimm Brüder,
Die Kinder- und Hausmärchen der Brüder Grimm,
Urfassung 1812/1814,
Lindau ca. 1986

Gubernatis Angelo De,
Die Thiere in der indogermanischen Mythologie,
Leipzig 1874

Keller Otto,
Thiere des classischen Alterthums in culturgeschichtlicher Beziehung,
Innsbruck 1887

Klaar Marianne,
Die Reise im goldenen Schiff,
Kassel 1977

Knortz Karl,
Märchen und Sagen der nordamerikanischen Indianer,
Jena 1871

Lehrbücher der germanischen Philologie,
Berlin 1891

Lübke Anton,
Der Himmel der Chinesen,
Leipzig 1931

Mannhardt Wilhelm,
Der Baumkultus der Germanen und ihrer Nachbarstämme,
Berlin 1875

Pelliot u. Duyvendak,
Toung Pao,
Leiden 1942

Sälzle Karl,
Tier und Mensch,
Gottheit und Dämon,
München 1965

Schütz Joseph,
Die Glücksuhr,
Recklinghausen 1978

Schwarz Rainer,
Die Gingkofee,
Leipzig 1986

Sock Paul,
Eskimomärchen,
Berlin 1921

Uhle Max,
Vom Kondor und vom Fuchs,
Berlin 1968

Wilhelm Richard,
Chinesische Märchen,
Düsseldorf-Köln 1958

Wilhelm Richard,
I Ging – Das Buch der Wandlungen,
Düsseldorf-Köln 1976

Wolf Richard,
Die Welt der Netsuke,
Wiesbaden 1970

Wuttke A. Dr.,
Der deutsche Volksaberglaube der Gegenwart,
Wiegand & Grieben 1869

Anmerkungen

1) HdA, S. 176 ff
2) Keller, S. 181
3) Klaar, S. 161 ff
4) Schütz, S. 62
5) Mannhardt I, S. 42
6) Grimm Nr. 57
7) EdM, S. 453 u. Gray, S. 72
8) Wuttke, S. 20
9) HdA, S. 185
10) Gubernatis, S. 446
11) Gerhard, S. 490 f.
12) Brockhaus 6. Bd., S. 656
13) Wolf, S. 174
14) Pelliot, S. 40
15) Dähnhardt Bd. III, S. 150
16) EdM, S. 451
17) Sälzle, S. 323
18) Wilhelm, S. 170
19) HdA, S. 184
20) HdA, S. 185
21) Lehrbücher I, S. 104
22) HdA, S. 178
23) Sälzle, S. 319
24) Lübke, S. 97 ff
25) Bartsch I, S. 132
26) Ashiya, S. 70
27) Aus dem japanischen nacherzählt von Akiko Kato, z.Zt. Freiburg, bearbeitet von Wolfgang Schultze
28) siehe Anm. 27
29) Sälzle, S. 326 ff.
30) Schwarz, S. 15 ff
31) Endemann, S. 151
32) Ashiya, S. 62
33) Wolf, S. 176
34) Sock, S. 136
35) Knortz, S. 108 ff.
36) Uhle, S. 48
37) Ashiya, S. 29
38) Wilhelm I Ging, S. 233

Abbildungen

Abb. S. 26 Schmuckzeichnung zum Elften Gesang aus „Reineke Fuchs von Goethe", Stuttgart 1867

Abb. S. 28 Fuchs in der Nacht, Lithografie von Kurt Steinel aus „Johann Wolfgang Goethe, Reineke Fuchs", Kumm Verlag, Offenbach 1962

Abb. S. 30 Der Fuchs im Teehaus, Chinesische Buchillustration aus „Was Li-Pao-Ting erzählt, Chinesische Sagen und Märchen", Wien 1924

Abb. S. 31 Die Hochzeit der Füchse, Zwei japanische Buchillustrationen aus „Leo Frobenius, Die reifere Menschheit", Hannover 1902

Abb. S. 32 Hiroshige, Geisterhafte Füchse

Abb. S. 34 Hirokage, Ein fingierter Daimiozug

Der Fuchs in der Kunst
von Dr. Bringfriede Baumann

Der Fuchs in der Kunst

(Abb. 1) Albrecht Dürer, Maria mit den vielen Tieren, aquarellierte Federzeichnung

Zur Einführung

Zu Beginn des 16. Jahrhunderts, etwa 1503, zeichnete Albrecht Dürer (1471-1528) das Blatt „*Maria mit den vielen Tieren*".[1] (Abb.1) Er verwendete schwarzbraune Tinte und zarte Aquarellfarben zur Kolorierung. Maria sitzt im Vordergrund in einem Garten. Dahinter erstreckt sich eine weite Landschaft mit Bergen, Ortschaften, Wasserflächen und einem Hafen. Die Gottesmutter ist von zahlreichen Blumen und Tieren umgeben. Es sind Spezies aus verschiedenen geographischen Breiten. Neben Hund, Hirschkäfer, Libelle, Schnecke, Schwan, Storch, Eule und Uhu, tritt auch ein Papagei auf. In der Ferne sind neben einer Schafherde Lasten tragende Dromedare zu sehen. Zu Füßen der Madonna, ganz am vorderen Bildrand, hat Dürer auch einen Fuchs dargestellt. Besonders auffallend ist die Tatsache, daß dieser ein Halsband trägt und mit einer Leine an einen Baumstumpf festgebunden ist. Inmitten der Idylle des friedlichen Zusammenseins von Menschen und Tieren unterschiedlicher Gattung, inmitten blühender Natur ist eine Kreatur an freier Bewegung gehindert. Die paradiesische Stimmung ist hier sichtlich gestört.

Der gefesselte Fuchs weist darauf hin, daß Dürer mehr darstellen wollte, als eine schöne Madonna in einem lieblichen Garten. Wie zahlreiche Studien zeigen, war ihm die genaue Wiedergabe von Tieren und Pflanzen sehr wichtig. Hier schlägt sich der Geist der italienischen Renaissance nieder, den Dürer während seiner Italienreise kennengelernt hatte. Die Fessel des Fuchses führt zu einer weiteren Bedeutungsebene: Die Geburt Christi überwindet das Böse. Der Teufel, der für das Böse schlechthin steht, ist hier in der Gestalt des Fuchses anwesend, aber durch die Gegenwart des göttlichen Kindes wird er gebannt. Diese Bezwingung ist zugleich die Wiederherstellung des paradiesischen Zustands. Eine solche Tiersymbolik war Dürers Zeitgenossen vertraut.

Einerseits wird der Fuchs hier als reales Tier exakt geschildert, andererseits deutet die Leine auf seine Rolle als Verkörperung des gebannten Bösen hin. Die folgende Untersuchung gilt der Darstellung des Fuchses in den verschiedenen Kunstgattungen im Laufe der Jahrhunderte als Kreatur und als Symbol. Diese Differenzierung ergibt sich aus der Deutung des jeweiligen Kontextes.

Der Fuchs in der Antike

Schon aus der Antike sind Darstellungen des Fuchses bekannt. Eine attisch geometrische Kanne aus dem 8. Jahrhundert v. Chr., heute in Boston, ist mit einer Jagdszene geschmückt.[2] Darauf erkennt man mehrere Füchse, die von Hunden und von einem Mann mit Peitsche gejagt werden. Es war üblich, das – für den Menschen nicht gefährliche – Raubtier zu Fuß und unter großem Geschrei in Netze zu treiben. Die Gestalten der Tiere sind wenig differenziert ausgeführt; so unterscheiden sich die Füchse von den Hunden nur durch ihren kräftigeren Schweif.

Nicht nur Gebrauchsgegenstände sondern auch Schmuckstücke tragen das Motiv des Fuchses. Eine Gemme in Skarabäusform aus dem 5. Jahrhundert zeigt einen nach links springenden Fuchs auf glattem Grund.[3] Die Struktur des Felles und die Körperformen sind in feinem Relief aus dem 21 x 15 mm großen Quarzstein herausgearbeitet. Solche geschnittenen Steine wurden häufig in Fingerringe gefaßt oder in größere Schmuckstücke eingefügt. Eine ähnliche Gemme aus dem selben Jahrhundert zeigt eine kleine Szene: Ein Fuchs stützt sich auf felsigem Boden an einem Weinstock ab und schnüffelt an einer Traube.[4] (Abb.2) Die besondere Vorliebe des Fuchses für diese Frucht war allgemein bekannt und von den Bauern gefürchtet. Durch seine Neigung ergibt sich auch ein Bezug zu Dionysos, dem griechischen Gott des Weines. Er sandte seine Begleiter, Silene und Satyrn, aus, um den Räuber aus den Weingärten zu vertreiben oder zu erlegen. Auf einem attisch rotfigurigen Askos, einer flachen Kanne in Form eines Weinschlauches, aus dem 5. Jahrhundert, ist ein Fuchs in einer Falle dargestellt.[5] Er hat sich von einem Rinderfuß, den der Jäger als Köder ausgelegt hatte, anlocken lassen. Dieser, ein keuleschwingender Silen aus dem Gefolge des Dionysos, ist auf der anderen Seite der Kanne zu sehen.

(Abb. 2) Fuchs und Weinstock, griechische Gemme, 5. Jh., Quarzstein

In dem Dionysoskult spielte auch das Fell des Fuchses eine Rolle. Eine hellenistische Elfenbeinstatuette im Nationalmuseum von Budapest gibt einen Dionysosknaben wieder, der mit Efeu und Weinlaub bekränzt ist.[6] Er trägt ein Fuchsfell über der Schulter, womit angedeutet werden soll, daß er die Gestalt dieses Tieres angenommen hat. Die Anhänger des Dionysos hüllten sich ebenfalls in Fuchsfelle und nannten sich, Männer wie Frauen, je nach Weihegrad, *„Fuchs und Oberfuchs"*. Die Bezeichnung der Weihegrade nach Tieren war in den Mysterienkulten der Antike üblich: Im Mithraskult z.B. war der *„Rabe"* der niedrigste Grad.

Aus diesen Zusammenhängen heraus, ist es nicht überraschend, daß auf einem in Köln im Jahr 1941 ausgegrabenen Dionysosmosaik neben zahlreichen anderen Tieren auch ein Fuchs erscheint. Der große Mosaikteppich (7x10,6m) aus dem frühen 3. Jahrhundert n.Chr. schmückte den Speisesaal einer römischen Villa, der dem Dionysoskult diente. Im Zentrum der in regelmäßige Felder aufgeteilten Fläche, ist der trunkene Gott von seinen Anhängern umgeben dargestellt. Am Rand befinden sich verschiedene Tierdarstellungen. Der Fuchs sitzt auf seinen Hinterläufen. Die rote Tönung des Felles, die lange, spitze Schnauze sowie die buschige Lunte zeichnen ihn aus. Das paradiesische Leben nach dem Tod, das der Dionysoskult verheißt, spiegelt sich neben den Gestalten des weinseligen Gottes und seines Gefolges, auch in den friedlichen Tieren, den Weinkrügen, den überquellenden Blumen- und Früchtekörben und in der Musik, auf welche die Instrumente verweisen, wider. Bei den Mysterienfeiern erlebten die Gläubigen ein Stück des alten Traumes vom goldenen Zeitalter.

Eine Paradiesvorstellung zeigen auch Orpheusmosaiken, die etwa zur gleichen Zeit entstanden sind, z.B. *„Orpheus unter den Tieren"* in dem Berliner Pergamonmuseum. Um den Heros der Musik hatte sich ein ähnlicher Kult, *„Orphik"* genannt, entwickelt. Sein Gesang und sein Saitenspiel auf der Lyra zähmte die wilden Tiere. Alle scharen sich in Eintracht um den Sänger. Auf einem sizilianischen Mosaik in Palermo sind Löwe, Stier, Bär, Esel, Vögel und der Fuchs neben weiteren Tieren um die große, zentrale Gestalt des Orpheus gruppiert. *(Abb. 3)* Die Darstellungsweise bemüht sich um Naturnähe. Nur die Gestik einiger Tiere – sie erheben scheinbar bewegt durch die Musik ganz friedfertig eine Vorderpfote, so auch der Fuchs – läßt eine gewisse Vermenschlichung anklingen.

Auf einem anderen spätantiken Mo-

(Abb. 3) Orpheusmosaik, 1. Hälfte des 3. Jh.

saik, das sich in Horkstow, England, erhalten hat, ist der Fuchs zusammen mit einem Pfau direkt neben Orpheus plaziert.[7] Diese enge Beziehung weist darauf hin, daß der Heros der Musik aus Thrakien in Kleinasien stammte, wo der Fuchs und sein Fell eine besondere Bedeutung hatten. Zu der Tracht der Thraker gehörte die Fuchspelzmütze, der Alopekis. Auf einem Relief in Neapel, das den *„Abschied Orpheus' von Eurydike"* zeigt, trägt der Sänger eine solche Kappe.[8] Auch die Bekleidung mit Fuchsfellen war in Thrakien üblich. Die Zaubermacht der Musik des Orpheus auf Menschen, Tiere und Pflanzen und damit die tiefe Sehnsucht des Menschen nach paradiesischen Zuständen, wurde auch in späterer Zeit immer wieder dargestellt. Als Beispiel sei hier der Flame Roelant Savery (1576-1639) genannt, der Orpheus mehrmals inmitten einer reichen Natur mit friedlicher Tierwelt schilderte, zu der immer auch der Fuchs gehörte.[9]

In der Antike galt der Fuchs als kluges und umsichtiges Tier.[10] So nutzten die Thraker diese Eigenschaft für sich, indem sie den Fuchs die Festigkeit des Eises durch Horchen auf die Strömung überprüfen ließen. Der frühe Dichter Archilochos aus dem 7. Jahrhundert v.Chr. spricht aber auch von der Schlauheit, Listigkeit und Verschlagenheit – Charaktereigenschaften, die seither als typisch für ihn gelten.

Die Fabeln des Aesop

Der Dichter Aesop, über dessen Person nur aus einer volkstümlichen Erzählung aus dem 6. Jahrhundert v. Chr. etwas bekannt ist, schätzte den Fuchs so sehr, daß er ihn zu der Lieblingsgestalt seiner Fabeln erkor. Eine Schale in den Vatikanischen Museen aus der Zeit um 450 v. Chr. zeigt den Dichter, der inzwischen zu einer mythischen Gestalt geworden war, im Gespräch mit dem Fuchs.[11] *(Abb. 4)* Ein sitzender Zwerg mit verkrüppeltem Körper und übergroßem Kopf nimmt fast das ganze Rund der Schale ein, das von einem Meanderband umfaßt wird. Dicht vor ihm sitzt aufrecht der Fuchs, in zierlicher Gestalt, die Lunte zwischen den Hinterläufen und die Pfoten zum Redegestus erhoben. Aesop lauscht gespannt mit geöffnetem Mund den klugen Worten seines Gegenübers. Seine fliehende, kahle Stirn, die große Nase und der Spitzbart geben ihm etwas geistig Entrücktes. Beide Gestalten sind im Profil, hell, auf dunklem Grund in feinen Linien gezeichnet. Der Fuchs führte auch auf einem verlorengegangenen antiken Gemälde, von dem Philostrat berichtet, den Kreis der Tiere an, der den Fabeldichter umgab.

(Abb. 4) Aesop und der Fuchs, Schale, um 450 v. Chr.

Durch den römischen Dichter Phaedrus wurden die Fabeln des Aesop im 1. Jahrhundert in lateinischer Sprache nacherzählt. Im Mittelalter wurde dieser Prosatext in die europäischen, nationalen Sprachen übertragen und immer wieder neu verarbeitet. Als berühmtester Fabeldichter der Neuzeit gilt der Franzose Jean de La Fontaine (1621-1695). Er griff auf Aesop, Phaedrus und teilweise auch auf indische Quellen zurück. Sein Werk mit den Illustrationen von Grandville (1838) oder von Gustave Doré (1868) war bis in das 20. Jahrhundert weit verbreitet.

Eine spätmittelalterliche Ausgabe der Fabeln des Aesop war im Zuge der aufblühenden Buchdruckerkunst 1476 in Ulm erschienen.[12] Sie war mit Holzschnitten illustriert, von denen einer in einfachen, klaren Linien, ganz flächig, einen kleinen Weingarten zeigt, in dem ein Fuchs zu den verlockenden Trauben emporschaut. *(Abb. 5)* Voller Begierde hat er die Vorderpfoten schon an den

Der Fuchs in der Kunst

Weinstock gelegt. Er erkennt noch nicht die Aussichtslosigkeit seines Begehrens, denn die Trauben hängen für ihn zu hoch.

(Abb. 5) Der Fuchs im Weinberg, Holzschnitt der Ulmer Aesop-Ausgabe von Heinrich Steinhövel, 1476/77

Die klassische Fabel bedient sich vorwiegend volkstümlicher Mittel, um eine gezielte, pädagogische Aussage zu machen und auch um zu Demaskieren. Diese Mittel sind: einfache Sprache, vertraute Gegenstände, Tiere und Pflanzen. In ihrer ursprünglichen Form liefert die Fabel allerdings keine Erklärung mit. Das „Miterzählen" der moralischen Aussage ist erst in der Neuzeit üblich geworden und bedeutet eine gewisse Verflachung. Wichtig für die Fabel, deren Urbild schon im Alten Orient und in der Antike eine große Rolle spielte, bleibt der angedeutete Sinn und seine Mahnung. Es handelt sich um symbolische Aussagen, die häufig durch eine komisch-satirische Komponente gekennzeichnet sind, z. B. durch das Mittel der Vermenschlichung der Tiergestalt. Der Fuchs in der Fabel ist mit seinem klaren Verstand fast immer der Klügere, er nutzt die Dummheit und Eitelkeit der anderen zu seinen Gunsten aus.

Das Tierepos „Reineke Fuchs"

Die Vermenschlichung von Tieren hat auch für das große Tierepos des Mittelalters, das den Fuchs als Helden schon im Titel anzeigt, eine große Bedeutung. Der französische „Roman de Renart" aus dem 12./13. Jahrhundert nimmt einige der Aesop-Fabeln auf. Der Text wird vielfach variiert und in die europäischen Sprachen übertragen: „Van den Vos Reynarde", „Reynard the Fox", „Reinhart Fuchs" im Mittelhochdeutschen und „Reineke Fuchs" im Hochdeutschen.[13] Der Inhalt sei hier kurz angegeben: Der schlaue Fuchs erlebt die feudalistische Welt der Tiere, die von dem Löwen, König Nobel, regiert wird. Immer wieder stellt er in seinen Abenteuern die Umwelt bloß, voller Spott und mit Humor spielt er seine Überlegenheit aus. So verspricht er z. B. dem König, der ihn wegen Vergewaltigung der Frau seines Widersachers Isegrim, dem Wolf, zum Tode verurteilen will, eine Pilgerreise anzutreten, was natürlich nach seiner Begnadigung eine leere Versprechung bleibt.

Die Beliebtheit des „Reineke Fuchs" über Jahrhunderte hinweg zeigt sich darin, daß der Text immer wieder neu erzählt und illustriert wurde. Die früheste deutsche Ausgabe, noch in niederdeutscher Sprache, hat den Titel „Reynke de Vos" und erschien 1498 in Lübeck.[14] Ein Holzschnitt zeigt den Fuchs-Prozess. Es ist die Szene, in der Reineke Fuchs die, an den Galgen gelehnte, Leiter besteigt. *(Abb. 6)* Er blickt zurück auf Nobel, den König, die Königin und andere Zuschauer, unter denen sich auch ein Einhorn befindet – eine sonst unübliche Beifügung des Holzschneiders. Die Freunde, Dachs und Bär, schauen besorgt zu dem Verurteilten hinauf, den eine Katze an einem Strick emporzieht. Dem garnicht demütigen Fuchs kommt gerade die rettende Idee, daß er durch das Versprechen einer Pilgerreise die Freiheit erlangen könnte. Zusätzlich weckt er die Gier des König Nobel, indem er einen verborgenen Schatz erwähnt. So wird der Fuchs durch seine Schläue zum Kläger, denn er macht in dem Tierprozess auf das korrupte Gericht aufmerksam. Dies ist wiederum eine Anspielung des Autors auf das Vorgehen des realen Hofgerichts. Die in ein Quadrat eingepaßte Darstellung ist grob geschnitten, aber die Komposition zeichnet sich durch Ausgewogenheit aus: Im Vordergrund links der Galgen, rechts die Zuschauer, in der Mitte der freie Blick auf eine stilisierte Hügellandschaft.

(Abb. 6) Der Fuchs am Galgen, Holzschnitt des „Reynke de Vos"

Es folgt noch eine Reihe von Nachdichtungen des „Reineke Fuchs", die häufig auch Bezüge zu aktuellen politischen Begebenheiten bergen. Besonders kritisch und bissig werden sie gleich nach der Französischen Revolution. Goethes 1793 entstandene Nachdichtung spielt zwar ganz versteckt auf zeitgenössische politische Strömungen an, aber man empfand den in Hexametern geschriebenen Text vergleichsweise harmlos. Einen sehr viel kritischeren Akzent bekam Goethes „Reineke Fuchs" als Wilhelm von Kaulbach (1804-1874) das Werk in den vierziger Jahren auf Anregung des Stuttgarter Verlags Cotta mit 36 Zeichnungen illustrierte.[15] Die neue Ausgabe mit Stahlstichen nach Kaulbachs Vorlagen erschien 1846 und erlangte schnell große Popularität. Allerdings hatte Cotta den Zugriff der Zensur befürchtet, weil die Bildauffassung des Künstlers in ihrer satirischen Schärfe sehr weit ging. Dieser versuchte nicht nur eine naturgetreue Wiedergabe der Tiere, z. B. in der exakten Zeichnung des Fuchsfelles, sondern er bediente sich der Mimik und Körpersprache des Menschen in recht drastischer Form. *(Abb. 7)* Etwa in dem frömmelnden Reineke in Pilgertracht, der sich an einem Wegkreuz entscheiden muß zwischen Rom und Malepartus, seinem Bau, oder in dem dummen Hasen, der auf die traurige Miene des abschiednehmenden Fuchses hereinfällt, will er die Verlogenheit und Dummheit seiner Zeitgenossen anprangern. Kaulbach spiegelt die sozialen und politischen Spannungen in dem Deutschland des Vormärz wider. Seine Darstellungen haben karikaturhafte Züge, bedienen sich der Überzeichnung, um die Aktualität zu unterstreichen.

(Abb. 7) Wilhelm von Kaulbach, Reineke Fuchs am Scheideweg

Bis in die heutige Zeit beschäftigen sich zahlreiche Künstler mit dem Tierepos „Reineke Fuchs". So wurde Goethes Text illustriert von Lovis Corinth (1921), Max Slevogt (1928) und A. Paul Weber

(1924 und 1977), um nur die wichtigsten zu nennen. Im 19. Jahrhundert wird „Reineke Fuchs" auch zum Kinderbuch umgeformt. Noch heute gibt es immer wieder Ausgaben mit kindgerechten, liebevollen Illustrationen. Hierdurch wurde der Fuchs für die jeweilige Generation von Kindern zu einem klugen und gewitzten, aber harmlosen Tier, das sie kaum noch aus der Anschauung in der Natur kennen.

Der Fuchs in der christlichen Kunst

Seit der Antike haben die Fabeln des Aesop und seit dem Mittelalter der „Roman de Renart", der auch einzelne Fabeln mit einbezieht, das Bild des Fuchses geprägt. Er erscheint als kluges, aber auch hinterlistiges, flinkes, sehr waches Tier, das die Schwächen anderer ausnützt. Es sind Eigenschaften, die für den realen Fuchs zum Überleben wichtig sind. Wegen dieser Merkmale, vor allem ihrer scheinbar negativen Seiten, wurde der Fuchs schon in spätantiker Zeit in Symbolik und Kunst des Christentums aufgenommen.

In der römischen Katakombe an der Via Latina aus dem 4. Jahrhundert zeigt eines der Wandgemälde die Szene, in welcher Samson zwei Füchse in die Getreidefelder der Philister jagt.[16] Er hat ihnen brennende Fackeln an den Schwanz gebunden, damit das Feuer die Felder entzündet und so die Ernte zerstört wird. Eine spätere Bibel aus dem Watopädi-Kloster auf Athos zeigt die gleiche Szene, nur hielt sich der Illustrator an den Bibeltext: Samson bindet jeweils zwei Füchse an den Schwänzen zusammen und befestigt dabei eine Fackel. *(Abb. 8)* Mehrere Fuchspaare, welche die biblische Anzahl von dreihundert andeuten sollen, stehen schon bereit, in die Felder zu stürmen. Die Tiere sind schematisiert dargestellt, aber die spitze

(Abb. 8) Samson jagt die Füchse in die Felder

(Abb. 10) Der Fuchs, eine Gans verschlingend, 12. Jh., Kapitell, ehemalige Benediktiner Abtei Brauweiler

(Abb. 9) Der Fuchs, sich tot stellend, darunter der Fuchsbau, spätes 12. Jh.

Schnauze und die breite Lunte machen erkennbar, daß es der als teuflisch angesehene Fuchs ist, der für einen Racheakt benutzt wird.

Schon im 3. Jahrhundert hat ein anonymer Autor in griechischer Sprache etwa fünfzig Tierallegorien zusammengetragen, die für das Christentum von bedeutung waren. Die natürlichen Verhaltensweisen der Tiere werden in diesem „Physiologus" – Naturkundler – genannten Werk, geschildert.[17] Es werden Bezüge zum Bibeltext hergestellt und das Verhalten der Tiere auf Eigenschaften des Menschen bezogen. Diese Tierbeschreibungen und -deutungen wurden bald ins Lateinische übersetzt und mit Illustrationen versehen. Es entstanden die „Bestiarien", die neben den Fabeln eine weitere wichtige Quelle für die Tierdarstellungen des Mittelalters sind[18].

Als Beispiel für die Listigkeit des Fuchses wird das Tier auf dem Rücken liegend, sich tot stellend gezeigt. *(Abb. 9)* Der Zeichner plazierte es direkt über seinem Bau, in dem drei weitere Füchse auf Beute warten. Arglose Vögel kommen heran, setzen sich auf den Körper und versuchen an dem vermeintlichen Kadaver herumzupicken. Dies ist der Augenblick für den Fuchs hochzuschnellen, um nach den getäuschten Opfern zu schnappen. Der Sinn einer solchen Szene wurde verstanden: Das Böse, der Satan lockt den Menschen mit dem Fleisch und gewinnt ihn so für sich. Die Westfassade der Kirche San Pietro in Spoleto aus dem 12. Jahrhundert zeigt an dem Portal neben anderen Tierszenen, die schildern, wie es unter den Menschen mit ihren Schwächen und Eitelkeiten zugeht, auch die Szene mit dem scheintoten Fuchs.[19] Die Reliefs, in ihrer einfachen, schematisierten Darstellungsweise, sollen vor dem Bösen warnen. Sie wollen durch Symbole den überwiegend leseunkundigen Gläubigen mahnen und belehren.

Bau- und Holzskulptur

Da die Tierallergorie im Mittelalter eine so große Bedeutung hatte, seien noch einige Beispiele mit Fuchsgestalten aus dem Bereich der Bau- und Holzskulptur erwähnt. In der Kirche der ehemaligen Bedediktinerabtei Brauweiler am Niederrhein zeigt ein Kapitell aus dem 12. Jahrhundert einen Fuchs als Ketzer.[20] *(Abb. 10)* Das Tier sitzt auf Lunte und Hinterläufen und trägt die

Der Fuchs in der Kunst

(Abb. 13) Reineke Fuchs und der Hase, Detail einer Initiale, um 1300

(Abb. 14) Fuchs und Rabe, Detail aus dem Teppich von Bayeux, 11. Jh.

Kapuze eines Mönchs. Es hat mit dem Zeichen der Kirche eine Gans angelockt, die es jetzt mit gierig aufgerissenen Augen verschlingt. Rechts und links schließt Blattwerk, Symbol des Lebens und des Heils, die Szene ab. Durch Verrat und Heuchelei versucht der Fuchs, wiederum die Verkörperung des Bösen, arglose Seelen für sich zu gewinnen. Er stellt einen Häretiker dar, einen Abtrünnigen der wahren Kirche. Die heraldische Haltung, d. h. die schematisierten Formen der gemeißelten Gruppe, wirken auf den heutigen Betrachter stilisiert und streng.

Dem Menschen des Mittelalters, der die Einzelheiten seines Kirchengebäudes genau kannte, waren die Inhalte solcher angedeuteten Szenen vertraut. Heute muß der Betrachter das Verstehen erst wieder erlernen. Dabei bemerken wir dann, daß dem kirchlichen Auftraggeber und dem Steinmetz die Bestiarien und der Physiologus, aber auch Fabel und *„Roman de Renart"*, als Quellen dieser symbolischen Darstellungen dienten. Als Zeichen der Ermahnung galten ebenso die kleinen Szenen auf Portalleibungen oder auf Friesen der Gotteshäuser.[21] *(Abb. 11)* Der Harfe spielende Fuchs an dem Portal der englischen Kirche St. Nicholas in Barfreston, Kent, sollte nicht etwa die Gläubigen erfreuen – wie wir es heute gerne sähen – sondern sollte vor der Verführungskraft der Musik warnen. Das gleiche gilt für den musizierenden Fuchs auf einem Fries des Baseler Münsters aus dem 12. Jahrhundert.

Die Ausschmückung des Chorgestühls bot zahlreiche Möglichkeiten für die Darstellung kleiner Szenen. Besonders die Miserikordien an den hochgeklappten Sitzflächen eigneten sich dafür. Diese kleinen Konsolen dienten den Mönchen als Stütze, wenn sie lange stehen mußten. Sie wurden häufig mit humorvollen, oft profanen Szenen, aber immer mit moralischem Inhalt versehen. Für die Propsteikirche zu Kempen in der Niederrheinbucht wurden um 1500 inhaltlich noch ganz dem Mittelalter verhaftete Tierdarstellungen auf Miserikordien in zierlicher Manier geschnitzt.[22] *(Abb. 12)* Eine dieser kleinen Konsolen zeigt den Fuchs wieder als Prediger, mit Mönchskutte bekleidet, auf einer Kanzel stehend. Er hat sich nach rechts gewandt und erhebt bedeutsam die Pfote, um seiner Rede an die Gemeinde, bestehend aus Hahn, Huhn und zwei Enten, Nachdruck zu verleihen. Links hinter der Kanzel lauert ein zweiter Fuchs mit Kapuze. Er ist durch die charakteristische Lunte deutlich als Fuchs gekennzeichnet. Aus der Kapuze des Predigers schauen zwei schon erbeutete Enten und verraten so den Heuchler. Dieser erscheint unersättlich, denn er ist bereit, sich ein weiteres, argloses Tier zu schnappen. Hier sind es Enten und Hühner, häufig sind es die als dumm betrachteten Gänse, welche zu Opfern des Fuchspredigers werden.

Buchmalerei

Ein weiterer, bedeutender Bereich der christlichen Kunst des Mittelalters ist die Buchmalerei. Auch hier nimmt die Gestalt des Fuchses einen wichtigen Platz ein, wie schon an der Zeichnung aus einem Bestiarium gezeigt wurde. Auf den Randleisten der Handschriften, zwischen Ornamenten und Drolerien tritt der Fuchs immer wieder in kleinen Szenen mit anderen Tieren auf. Aus einer Handschrift, die Psalmen enthält, sei ein reich verziertes C genannt.[23] Auf dem unteren, ausschwingenden Teil dieser Initiale sitzen sich Fuchs und Hase gegenüber. *(Abb. 13)* Voller Eifer hat der Hase bei dem Hören auf die Worte des Fuchses sein Ohr heruntergeklappt. Er übersieht dabei den begierlichen Blick seines Gegenübers. Hier wird deutlich, daß es sich trotz des biblischen Textes in der Handschrift bei dieser kleinen Szene, um Gestalten aus dem *„Reineke Fuchs"* handelt. Da in den Klosterschulen die griechische und lateinische Sprache auch anhand von profanen Texten, wie Fabel

(Abb. 11) Harfespielender Fuchs, Detail eines Portals, 12. Jh., Barfreston, Kent, England

(Abb. 12) Der Fuchs als Prediger, Miserikordie, um 1500, Propsteikirche, Kempen

und Tiergeschichten, eingeübt wurde, ist die Verwendung solcher Darstellungen durch die Mönche verständlich.

Selbst auf einem bedeutenden Kunstwerk, das sich über die Buchkunst hinaushebt, aber an sie anknüpft, dem berühmten, gestickten *„Teppich von Bayeux"*, finden sich Fabelszenen, auf denen der Fuchs erscheint.[24] Der über 30 m lange und 50 cm hohe Bildstreifen aus dem 11. Jahrhundert schildert Episoden aus dem Leben des englischen Königs Harold II. und seine Niederlage bei Hastings 1066 durch Wilhelm den Eroberer. Die rahmenden Streifen oben und unten sind mit Darstellungen von Tieren und kleinen Szenen versehen, die mit dem eigentlichen Geschehen nicht in Zusammenhang stehen. Sie dienen dekorativen und unterhaltenden Zwecken. Acht Fabelszenen wiederholen sich mehrere Male, darunter auch die vom Fuchs und Raben. Der Rabe sitzt mit einem stibitzten Käsestück auf einem Bäumchen. Dies beobachtet der Fuchs und preist sogleich die schöne Stimme des Vogels. Geschmeichelt beginnt dieser zu singen, wodurch er den Käse an den Fuchs verliert. Eine Wiederholung zeigt den Raben verdutzt auf den schlauen Fuchs blickend, der jetzt den Käse im Maul hält. *(Abb. 14)* Die Fabel geht auf Aesop zurück und wird in dem, ein Jahrhundert nach dem Teppich von Bayeux entstandenen, *„Roman de Renart"* aufgenommen.

Mosaiken

Zur mittelalterlichen Kunst sei abschließend noch eine Darstellung angeführt, die vorwiegend in Italien vorkommt und häufig auf Fußbodenmosaiken von Kirchenräumen zu finden ist.[25] Es handelt sich um die *„Prozession des Renart"*, also um den vermeintlichen Tod der Fuchsgestalt aus dem Tierepos. Auf dem großen Mosaikteppich von San Marco in Venedig findet sich unter überwiegend ornamentalen Formen ein Beispiel aus dem 14. Jahrhundert. In den meisten Zweigen des Epos stirbt Reineke nicht, denn er findet immer wieder Wege, sich dem Tod zu entziehen. Nur in dem Zweig, der in der Literatur mit Nr. XIII bezeichnet ist, kommt er scheinbar zu Tode und läßt einen Bauern, der seinen Namen trägt und gerade gestorben ist, an seiner Statt beerdigen.[26] Trotzdem wurde das vermeintliche Zu-Grabe-Tragen des Renart durch zwei Hähne immer wieder dargestellt. *(Abb. 15)* Die Hähne haben hintereinander hergehend eine Stange geschultert, an der ein toter Fuchs hängt. Die vier Füße sind mit großer Schleife zusammengeschnürt und mit wehendem Band an die Stange gebunden. Kopf und Schweif hängen schlaff herab. Der gewitzte, alle übertölpende und auch als Verkörperung des Bösen betrachtete Fuchs ist geschlagen und wird in kleiner Prozession davongetragen.

(Abb. 15) Prozession des Renart, Detail, Bodenmosaik, 14. Jh., San Marco, Venedig

Naturstudien in der Renaissance

Die Renaissance brachte eine Hinwendung zum exakten Naturstudium mit sich. Es waren zuerst die italienischen Künstler, die sich neben der menschlichen Gestalt auch den Tieren und Pflanzen widmeten. Hier seien Pisanello (um 1395-1455) und sein Umkreis genannt, von denen zahlreiche Studien erhalten sind.[27] Auch der Fuchs gehörte zu ihren Studienobjekten. Dieses Tier wird von den Malern erst einmal als Kreatur gesehen, unabhängig von Fabel und Epos. *(Abb. 16)* Neben dem typischen Äußeren wurde seine Wachheit und die Fähigkeit, schnell zu reagieren, sichtbar gemacht. Diese Eigenschaften des Fuchses waren in seinem täglichen Kampf ums Überleben notwendig, um sich vor seinen Feinden, wie den Menschen, Hunden und größeren Raubvögeln, zu schützen. Aber diese Tierstudien, wie sie auch Dürer etwas später in großer Zahl anfertigte, waren nicht als eigenständige Kunstwerke gedacht. Sie dienten der Übung im genauen Beobachten und im Umsetzen mit Stift oder Feder auf Papier. Solche Fuchsstudien fanden dann Verwendung als Teil einer größeren Komposition, wie wir es bei der eingangs beschriebenen aquarellierten Zeichnung von Dürer gesehen haben.

Aus der Schule Martin Schongauers (1425/30-1491), dessen Kunst den jungen Dürer mitprägte, gibt es aus der Zeit um 1470 einen Kupferstich *„Christus nach der Versuchung"*.[28] Der Gottessohn steht unter Bäumen von Engeln umgeben. Verschiedene Tiere, die alle eine symbolische Bedeutung haben, befinden sich zu seinen Füßen im Gras. Es seien nur die herumtollenden Häschen genannt, die Zeichen für die göttliche Freude im Himmel sind, und der Fuchs, der links unter Steinen aus seinem Bau hervorlugt. Er, die Verkörperung des Satans, mußte sich zurückziehen, nachdem Christus der Versuchung widerstanden hatte.

(Abb. 16) Umkreis des Pisanello, Fuchsstudie, um 1450, Ambrosiana, Mailand

Der Fuchs in der Kunst

Das gleiche gilt für das Gemälde, „Madonna della Gatta", „Katzenmadonna", das Giulio Romano (um 1499-1556) in Neapel um 1520 gemalt hat.[29] Es zeigt im Vordergrund Maria und Elisabeth mit ihren Kindern Jesus und Johannes, die Trauben in den Händen halten. Eine Katze, welche dem Bild den volkstümlichen Titel gibt, sitzt zu Füßen Elisabeths. Die häusliche Szene schließt die Gestalt des Josephs ab, die im Türrahmen im Hintergrund steht. Dazwischen befindet sich, halb im Schatten auf der rechten Seite, ein Fuchs. Aus dem Dunkel heraus leuchtet sein helles Bauchfell auf. Er schaut aus respektvoller Distanz auf die Gruppe vorne, als spüre er die Existenz der für ihn so verlockenden Trauben. Diese weisen hier auf den Opfertod Christi hin und die Gegenwart des Christusknaben selbst nimmt ihm, der wiederum für den Teufel steht, jegliche Macht. Wir sehen an diesem Beispiel, daß der naturalistisch gemalte Fuchs aus seiner natürlichen Umwelt genommen und in einen fremden Kontext versetzt, wieder zu einem Symbol wird. Eine andere Bedeutung hat der Fuchs auf Darstellungen mit zahlreichen Tierarten, wie die *„Schöpfungsszene"* von Meister Bertram in Hamburg, der *„Sündenfall"* von Savery in Privatbesitz oder auch die *„Versuchung des Heiligen Antonius"* von Jan Breugel d.Ä. in Karlsruhe. Hier wird der reale Fuchs in einer Fülle von Tieren, als Teil der Tiergesellschaft, aufgeführt. Einmal zählt er zu den von göttlicher Hand geschaffenen Wesen, einmal zu dem Gefolge der Peiniger des Antionus.

Der Fuchs und die Jagd

In dem Bereich der Jagddarstellungen hat der Fuchs einen wichtigen Platz. Es sei auf das Jagdlehrbuch des Gaston Phoebus aus dem 14. Jahrhundert verwiesen, das im Mittelalter mehrmals kopiert wurde.[30] Eine kolorierte Abschrift aus dem frühen 15. Jahrhundert hat sich in der Pariser Nationalbibliothek erhalten. In diesem Werk ist jedem Jagdtier ein eigenes Blatt gewidmet, so auch dem Fuchs. *(Abb. 17)* Hier sind wie auf einem Teppich übereinander in einem Wiesengelände mit einigen Bäumen mehrere Füchse dargestellt. Jeder gibt eine für dieses Raubtier typische Verhaltensweise wieder: Auflauern von Gänsen, vorsichtiges Umherschauen und Horchen, der Ansatz zum Sprung, Davonspringen mit erbeuteter Gans im Maul oder Lauern auf eine Taube aus dem eigenen Bau heraus. Obgleich alle Phasen naturalistisch geschildert werden, wirken die Tierkörper flach, da auf die Darstellung

(Abb. 17) Der Fuchs, Blatt aus dem Jagdlehrbuch des Gaston Phoebus, 14. Jh., hier Kopie aus dem 15. Jh.

der Illusion eines Tiefenraumes verzichtet wurde. Solche kostbaren Lehrbücher mit aufwendigen Illustrationen waren höfischen Kreisen vorbehalten, wie überhaupt der Jagdsport immer eine Beschäftigung der Privilegierten war.

Zur Zeit des Barock waren Jagdszenen sehr populär. Besonders beliebt waren Szenen, bei denen es um eine exotische Beute wie etwa den Löwen ging. Peter Paul Rubens (1577-1640) wurde gerade durch seine großen Jagdgemälde an den europäischen Höfen bekannt.[31] Man diskutierte zu seiner Zeit die Funktion der Jagd bei der Sublimation von Affekten. Die Ausübung des Jagens als Vorschule für den Kriegsdienst zu sehen, war allgemein üblich. Rubens ging es bei seinen großen Bildern nicht um die jagdgerechte Darstellung von Tier und Jäger, sondern um das Kampfereignis. Auf dem Gemälde „Wolf- und Fuchsjagd" in New York bäumen sich die Wölfe gegen die Treiber auf, die mit Lanzen zustechen und wehren sich gegen die angreifenden Hunde unmittelbar vor der Jagdgesellschaft zu Pferde. Zwischen dem Hundegetümmel sind auch Füchse zu erkennen, erschlagen oder die Flucht ergreifend. Die gleichzeitige Jagd auf Fuchs und Wolf an einem Ort ist unrealistisch, denn ersterer hat große Angst vor dem Wolf, der ihn sofort anfallen würde. Auch tritt der Fuchs im Gegensatz zum Wolf als Einzelgänger auf. Aber dem Maler ging es um den wogenden Kampf, um die Naturkräfte, die bei den Jagenden und den Gejagten frei werden.

Besonders in England entwickelte sich gerade die Fuchsjagd zu einem gesellschaftlichen Ereignis, wie z. B. auf einem Gemälde mit dem Titel *„Fuchsjagd"* von John Frederik Herring (1785-1865) ablesbar ist.[32] Im Vordergrund begegnen sich die Herrschaften zu Pferd, im Hintergrund stehen zahlreiche Treiber und die große Hundemeute für die Hatz bereit. Der Fuchs ist auf solchen Bildern nicht zu sehen, nur die Rituale um die Jagd herum sind wichtig.

Jagdstilleben

Sehr beliebt waren Jagdstilleben, welche die Beute wie Trophäen präsentieren. Hier wird manchmal auch ein erlegter Fuchs neben anderen Tieren wiedergegeben. Etwa auf Karl Wilhelm de Hamiltons (1668-1754) Gemälde *(Abb. 17a)* in Karlsruhe ist ein toter Fuchs zusammen mit einem Rebhuhn an den Füßen hängend an einen Baum gebunden. Auch kleine, bunte Vögel, die am Boden liegen, und ein Jagdhorn erinnern an das sportliche Ereignis. Bis in das 19. Jahrhundert hinein war Diana, die Göttin der Jagd, ein begehrtes Sujet. Noch 1872 malte Ferdinand Keller seine *„Moderne Diana"*, welcher statt Pfeil und Bogen ein Gewehr zugeordnet ist.[33] Die Göttin lagert im Wald. Vor ihr ist stillebenartig die Jagdbeute ausgebreitet, zu der auch ein Fuchs gehört. Rechts ist der Blick frei auf eine Wiesenlandschaft, durch die eine Jagdgesellschaft davongaloppiert.

Der Fuchs in der Kunst

Das 19. Jahrhundert

Naturalismus: Winslow Homer

Eine andere Auffassung einer Fuchsjagd gibt der amerikanische Maler Winslow Homer (1836-1910) wieder.[34] *(Abb. 18)* Sein Gemälde „The Fox Hunt" aus dem Jahr 1893 in Philadelphia zeigt eine Schneelandschaft mit Blick auf das Meer. Auf der Leinwand in gedehntem Querformat sehen wir das Geschehen in der Abenddämmerung. Im Vordergrund springt ein Fuchs, den Kopf vom Betrachter abgewendet, nach links durch den hohen Schnee. Dicht über ihm schweben bedrohlich zwei Krähen in der kalten Luft. Zahlreiche andere folgen von rechts hinten nach. Die ausgehungerten schwarzen Vögel scheinen sich auf den geschwächten Fuchs stürzen zu wollen. Das sonst so umsichtige Tier ist wohl auf Nahrungssuche und findet auf dieser weiten Schneefläche keinen Unterschlupf. Der Jäger wird hier zum Gejagten. Die gischtsprühende Brandung und der dunkle Himmel über dem Meer betonen die Gewalten der Natur. Vor dem kalten Weiß, mit vielen hellen Blautönen abgestimmt, wirkt der Rotton in dem Fell des ganz naturgetreu gemalten Fuchses, der sich in dem Wäldchen rechts und in den roten Beeren an kahlen Zweigen wiederholt, spannungsentladend. Es entsteht der Eindruck des Sich-Fügens in den Kampf um Leben und Tod, des Sich-Fügens in die Kräfte, die von der Natur ausgehen. Die Dramatik wird bestimmt von den starken Hell-Dunkelkontrasten. Dieses Stilelement weist auf eine Auseinandersetzung mit dem japanischen Holzschnitt hin. Die drohende Gefahr für das Tier durch die Natur, von der es selbst ein Teil ist, wird hier beispielhaft auf einem repräsentativen Format an dem Fuchs gezeigt.

(Abb. 17a) Karl Wilhelm de Hamilton, Jagdstilleben mit Fuchs und Rebhuhn, Öl/Lwd.

(Abb. 18) Winslow Homer, Die Fuchsjagd, 1893, Öl/Lwd.

Der Fuchs in der Kunst

(Abb. 19) Paul Gauguin, Verlust der Jungfräulichkeit, 1890/91, Öl/Lwd.

Symbolismus: Paul Gauguin

Die Arbeiten Paul Gauguins (1849-1903), in denen der Fuchs auftritt, geben eine wiederum andere Auffassung wieder. 1890/91 malte er das Bild „Der Verlust der Jungfräulichkeit". [35] *(Abb. 19)* Bildparallel liegt im Vordergrund auf einer Wiese eine nackte, junge Frau. Hinter ihr erstreckt sich eine Hügellandschaft. Dicht neben dem Kopf der auf dem Rücken Liegenden sitzt ein Fuchs, den sie mit der Linken umfaßt hält, während das Tier eine Pfote auf ihren Oberkörper gelegt hat. Hier ist der Fuchs, der sich so eng an die junge Frau schmiegt, das Symbol für Lüsternheit, wie Gauguin selbst äußerte. Die Dargestellte trägt zudem die Züge seiner damaligen Geliebten. Ein Hochzeitszug der sich zwischen den Hügeln nähert, deutet in der Vorstellung des Malers die Folgen der Wollust an. Die Blume in der Rechten des Mädchens, spricht dagegen noch von Jungfräulichkeit. Das Gemälde teilt sich in wenige Farbflächen, wobei die Waagerechte dominiert. Gauguin, der zu den Symbolisten des ausgehenden 19. Jahrhunderts zählt, verwendete hier eine alte, abendländisch-christliche Symbolik: Der Fuchs steht für die Lasterhaftigkeit, die Blume für die Reinheit. Wie andere Maler war Gauguin auf der Suche nach neuen Symbolen. Eine Auseinandersetzung mit fernöstlicher Symbolik ist einem 1889 geschnitzten Relief zu entnehmen, das seinen Besuch auf Martinique widerspiegelt. [36] Die Darstellung „Seid verliebt, Ihr werdet glücklich sein" zeigt ihn, so erklärt er selbst, als Monster, und eine nackte Frauengestalt, neben welcher wieder ein Fuchs sitzt. Gauguin verstand nach eigenem Bekunden hier den Fuchs als das indische Symbol der Wollust. Er formuliert seine eigenen Wünsche und Nöte mit Hilfe von Zeichen, wodurch sie eine gewisse Allgemeingültigkeit erlangen.

(Abb. 20) Fuchs als Fassadenschmuck, Wohnhaus in Karlsruhe, 1904

Bauskulptur um 1900

In der Zeit des Historismus zum Ende des 19. Jahrhunderts gab es in der Architektur wieder eine reiche Bauskulptur. Ein Beispiel für üppigen Fassadenschmuck gibt ein 1904 von dem Architekten Ludwig Trunzer wohl für einen Jagdliebhaber erbautes Wohnhaus in Karlsruhe. Hier zeigt ein großes Sandsteinrelief, das einem Balkon vorgeblendet ist, einen Jäger bei der Jagd auf Hase und Reh. *(Abb. 20)* An der Ecke des Balkons ist in etwa vier Meter Höhe als Vollskulptur die Gestalt eines Fuchses herausgearbeitet, der aufmerksam spähend und behende den Pfeiler herunterzuschleichen scheint.

Besonders an den Schulbauten, die noch in reicher Zahl bis zu Anfang des 20. Jahrhunderts errichtet wurden, durfte bei Säulen und Kreuzrippengewölben der Kapitellschmuck nicht fehlen. [37] Ein solcher findet sich in der Freiburger Gewerbeschule, die 1902 bis 1905 erbaut wurde. Zwischen Weinlaub und Trauben sind Schulkinder und Haustiere sowie der Fuchs zu sehen. Es erscheint fraglich, ob auf die Fabel von den unerreichbar hochhängenden Trauben angespielt wird, oder ob den Kindern nur ein vertrautes Tier dargeboten werden soll. Fuchsszenen solcher Art befinden sich in der Karlsruher Goetheschule, die 1908 vollendet wurde. Auf einem Achteckpfeiler in der Halle sitzt als Kapitellschmuck an den Ecken jeweils ein Haustier. Hier sind Fuchs und Hahn benachbart, ohne daß es ein spannungsreiches Auflauern seitens des Fuchses gibt. Die Tiere stehen für sich; als Gestalten aus dem Bilderbuch sollen sie den Kindern allenfalls ein anheimelndes Gefühl geben. Die moralische Belehrung ist ganz zurückgetreten.

Der Fuchs als Schmuck von Schule und Haus

Die Wiedergabe von Vertrautem gilt auch für die Lithographien des Malers Otto Fikentscher. Er gab mit anderen Mitgliedern des Karlsruher Künstlerbundes um die Jahrhundertwende „Künstlerischen Wandschmuck für Haus und Schule" als Druck heraus. [38] Reine Tierdarstellungen waren in Schulen sehr beliebt, schon allein wegen ihrer Unverfänglichkeit. So wurde jeweils das Tier in seiner Umwelt geschildert, wie etwa der „Fuchs im Ried" mit seinem Auftreten als Einzelgänger: Vorsichtig hat er sich gerade von rechts hinten aus dem Wald gewagt und schleicht durch die hohen, trockenen Halme scheinbar auf den Betrachter zu. Das scheue Tier wird man in der Natur kaum so nah erleben, aber es kam dem Künstler wohl eher auf eine genaue Wiedergabe der typischen Merkmale an, wie tastender Gang, aufmerksamer Blick, aufrechtstehende schwarze Ohren, das rötliche Fell und die kräftige, buschige Lunte.

(Abb. 21) Erik Nielsen, Zusammengerollter Fuchs, 1903, Königliche Porzellanmanufaktur Kopenhagen

Auch im Bereich der Porzellanplastik, die zur Zeit des Jugendstils um 1900 als häuslicher Schmuck sehr begehrt war, gibt es Fuchsdarstellungen. Der Däne Erik Nielsen entwarf 1903 für die königliche Porzellanmanufaktur in Kopenhagen Tiere aus seiner Umwelt. Das Karlsruher Landesmuseum besitzt zwei Füchse von seiner Hand.[39] *(Abb. 21)* Einer liegt dicht zusammengerollt, wobei nur die spitzen Ohren aus der geschlossenen Form ragen und er offensichtlich aufgeschreckt, aufmerksam auf den Betrachter schaut. Der zweite Fuchs sitzt aufrecht mit nach oben gerichteter Schnauze und um die Füße gelegtem Schwanz. Die gestreckte, spitze Form und der beobachtende Blick drücken große Spannung aus. Beide Plastiken sind wirklichkeitsgetreue Wiedergaben, bis hin zu den Farbtönen des Felles von leichtem Braun, Grau und Weiß.

Der Fuchs in der Kritischen Grafik

Die Druckgrafik des Mittelalters, die häufig auch kritische Elemente in sich trug, bediente sich immer wieder der Fuchsgestalt. So wurde auf den beliebten Darstellungen des Rades der Fortuna der Teufel oder Antichrist gern als Fuchs wiedergegeben. Hier sei ein Einblattholzschnitt – mit einem heutigen Flugblatt vergleichbar – aus dem 15. Jahrhundert erwähnt.[40] Er zeigt ein solches Glücksrad, auf dem der Fuchs als Antichrist mit Tiara dargestellt ist, die ihn als Papst kennzeichnet. Sein Platz auf dem Zenit des Rades drückt die Macht des Bösen aus, das momentan herrscht. Dies bedeutete in der Zeit vor der Reformation eine scharfe Polemik gegen die Person des Papstes. Der Angriff galt nicht der Kirche, denn die dominierende Gestalt ist die christliche Tugend „Patientia". Diese weibliche Allegorie der Geduld mahnt zum Abwarten, bis es für sie gegeben erscheint, das Rad weiterzudrehen.

Im Laufe der Zeit war eine regelrechte Tiertypologie entstanden, etwa in der Art, daß der Fuchs für List steht, der Hase für Feigheit und der Esel für Dummheit. Dieses Mittel, menschliche Eigenschaften oder Typen durch Tiere darzustellen, benutzte schon die Fabel der Antike. Sie will mit ihren Tiergestalten die Wirklichkeiten der Menschenwelt widerspiegeln. An dem Beispiel der Wendebilder aus dem 17. Jahrhundert, sehen wir, wie Portraitmedaillons zu Satiren werden.[41] *(Abb. 22)* Der Radierer Romeyn de Hooge (1645-1706) schuf zu dem Konflikt zwischen den Niederlanden und Frankreich das Doppelporträt der Gebrüder Witt, die mit Ludwig XIV. zusammenarbeiteten, was für die Oranier Verrat bedeutete. Nach der Ermordung der beiden gab der Stecher ihre Bildnisse im Profil wieder. Dreht man das Medaillon um, sieht man, daß die schulterlangen Haare in einen Pelz übergehen, dem wiederum Porträts von Fuchs und Wolf zugeordnet sind. Der umrahmende Text lautet: *„Wo das Wolfsfell sich dem Fuchs zugesellt, dort wird Gewalt geboren und das Land in sein Verderben gestoßen. Ihr Ende hat alles wieder hergestellt."* Häufig dienten Verschlüsselungen als Mittel, die Zensur zu umgehen. Die betroffenen Zeitgenossen konnten die Tier-Mensch-Darstellungen damals aufgrund der vertrauten Typologie und Anspielungen *„entziffern"*, was heute im nachhinein oft schwerfällt.

(Abb. 22) Romeyn de Hooge, Wendeköpfe, Gebrüder Witt – Fuchs und Wolf, gestochenes Porträtmedaillon, 1762

Im 18. und 19. Jahrhundert spielen neben der kritischen Grafik auch die Karikatur und Satire eine große Rolle. Bei der Entwicklung dieser Gattungen war die Gestalt des Reineke Fuchs häufig mitprägend. Von den gleichzeitigen Illustrationen des Tier-Epos, die z. T. auch aktuelle politische Züge aufwiesen und von den verharmlosenden Kinderbüchern zum gleichen Thema war schon die Rede.

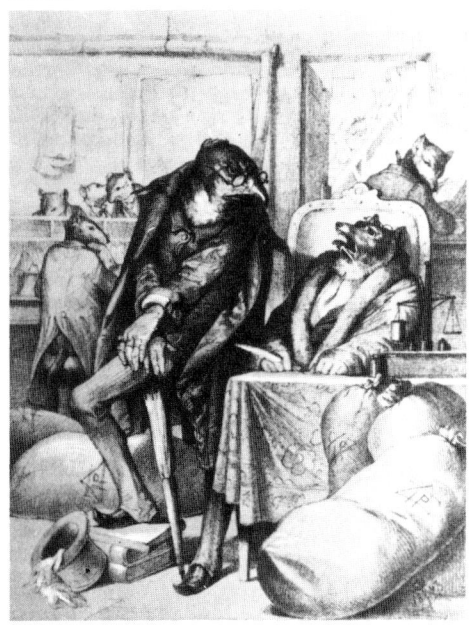

(Abb. 23) Adolph Schroedter, Die Wucherer, 1847

Um 1800, als die Wogen der Revolution in Paris sich geglättet hatten, herrschten in der Karikatur kulturpolitische Themen vor. Z. B. wird die Jury der Kunstakademie aufs Korn genommen, etwa wenn sie aus lauter Tieren wie Esel, Rabe, Schwein, Wolf, Katze und natürlich auch dem Fuchs besteht.[42] Alle werden von einer Wolke herab an Zügeln gehalten und mit einer Peitsche bedroht. Hier sind Menschen durch Tiere ersetzt, einzelne Personen werden zusätzlich mit Text kenntlich gemacht. Die Entwicklung der Karikatur geht dahin, Tieren so typische Merkmale und Attribute zu geben, daß sie ohne erklärende Worte als bestimmte Personen identifizierbar sind. Eine Lithographie „Die Wucherer" aus der Zeit der Revolution von 1848 des Künstlers Adolf Schroedter zeigt einen pelzgekleideten Geschäftsmann in seinem Büro.[43] *(Abb. 23)* Dieser befürchtet, in der Zeit der Hungersnot nicht genügend Profit machen zu können. *„Da kann sich ein ehrlicher Mann wie unsereins aufhängen"* sind die Worte des Herrn, der mit dem Kopf eines Fuchses ausgestattet ist und Augen wie Maul vor Empörung und Sorge weit aufreißt. Das tradierte Bild des listigen Fuchses unterstreicht die Gebaren eines feisten Geschäftsmannes.

Der Fuchs in der Kunst

In der Populärgrafik des vorigen Jahrhunderts finden sich Bilderbögen, die auch Tiergestalten benutzen, um menschliche Schwächen in überspitzter Form sichtbar zu machen. Eine beliebte Weißenburger Kreidelithographie aus der Zeit vor 1858 zeigt „Des Jägers Leichenzug".[44] *(Abb. 24)* Dieser besteht aus Tieren wie Pferd und Hund, die dem Jäger bei der Jagd behilflich waren, und Tieren, die er jagte, wie Hirsche, die jetzt den Sarg tragen, Vögel, Hasen mit Leuchtern und einem Wolf mit Vortragekreuz. Zuvorderst geht ein Fuchs als Pfarrer mit Beffchen und aufgeschlagenem Buch, in dem die Zeile „*Nun ruhen alle Wälder*" zu lesen ist. Der Leichenzug des Jägers wird zu einem Festzug der Tiere. Die geheuchelte Trauer und Frömmigkeit, wie sie auf so vielen Begräbnissen demonstriert wird, ist an dem Fuchsprediger abzulesen. Diese Verhaltensweisen zeigten sich schon bei „*Reineke Fuchs*" als Pilger und bei dem Fuchs, der den Gänsen predigt.

Bis in die heutige Zeit bietet die Fabel dem Karikaturisten ein Mittel, seinem Spott Ausdruck zu verleihen. Als Beispiel sei die Fabel vom Fuchs, der den Storch zu einem Mahl einlädt, genannt. Dieser serviert dem Gast ein Getränk in einer flachen Schale, in welcher der Vogel erfolglos mit seinem langen Schnabel herumstochert. Bei seiner Gegeneinladung serviert der Storch dem Fuchs die Speise in einem enghalsigen, hohen Krug. Der Zeichner Party greift auf diese Fabel zurück, um die festgefahrene Situation bei der Diskussion über das Saarland zwischen Deutschland und Frankreich von 1953 zu schildern.[45] *(Abb. 25)*

(Abb. 24) Des Jägers Leichenzug, Detail, vor 1858, Kreidelithographie aus Weißenburg

bezeichnet ist. Der Titel lautet „*Falsch serviert! So kann noch keiner ran...*" Mit wenigen Strichen werden die typischen Gesichtszüge der beiden Politiker angedeutet, ohne daß der Tiercharakter von Fuchs und Storch verlorengeht. So wird die Aussage entsprechend der tradierten Tiertypologie, die den Fuchs als listig bezeichnet, ohne Namensnennung erkennbar.

(Abb. 25) Party, „Falsch serviert...", 1953, Karikatur zu den Saarverhandlungen zwischen Adenauer und Schuman

Der Fuchs mit der Physiognomie Adenauers blickt vergeblich auf eine enghalsige Flasche mit der Aufschrift „*Französischer Saar-Standpunkt*" und der Storch mit der Physiognomie des französischen Außenministers Schuman stochert mit seinem spitzen Schnabel auf einem Teller, der mit „*Deutscher Saar-Standpunkt*"

(Abb. 27) A. Paul Weber, Jedem das Seine, Lithographie, 65 x 77 cm, 1963

A. Paul Weber

Wenn wir uns bei diesem historischen Überblick der Gegenwart nähern, muß A. Paul Weber, der als Illustrator des „Reineke-Fuchs-Epos" schon genannt wurde, noch einmal erwähnt werden. Als Meister der Kritischen Grafik wird er für die Art seines Vorgehens im Aufzeigen von Schwächen des Menschen, bitteren Anklagen und beißendem Spott, selbst als Fuchs bezeichnet. So hat er sich und seine Kunst auch verstanden: Der Schwächere sucht sich Wege zum Überleben, als Narr, der sich mit seiner Kappe tarnt und als Fuchs, der sich mit Hilfe von List das Leben erträglich macht.[46] *(Abb. 26)* Beide Gestalten treten nicht nur in Webers Buchillustrationen zu Werken, wie Reineke, Eulenspiegel oder Simplicissimus auf, sondern auch auf Einzelblättern als Schelme und Moralisten, die den Finger auf Wunden legen und das Übermaß von Unvernunft anprangern. Auf der Lithographie „Jedem das Seine" von 1963 benutzt Weber das Bild des schlauen und überlegenen Fuchses, um seine Überzeugung dem Betrachter nahezubringen. *(Abb. 27)* Zahlreiche Tiere, wie Schaf, Schwein, Stier, Esel, Hahn usw. drängen sich in einem Wohnzimmer vor dem Fernsehgerät. Während die Gesellschaft mit weitaufgerissenen Augen auf den Bildschirm starrt, hat der Fuchs hinter ihr am linken Bildrand die Tür geöffnet, um leise mit einem Buch unter dem Arm hinauszugehen. Obwohl die Moral deutlich ablesbar ist, macht die drastische Schilderung der Fernsehbegeisterten in ihrer Feistheit, im Gegensatz zu dem stillen Verschwinden des zierlich, flinken Fuchses, betroffen. Weber beweist, daß die aus Fabel und Epos bekannte Gestalt heute noch ganz aktuelle Probleme in unsere Menschenwelt transportieren kann.

(Abb. 28) Franz Marc, Füchse, 1913, Öl/Lwd.

(Abb. 26) A. Paul Weber, Fuchs und Narr, Zeichnung, 37,8 x 49,4 cm, 1960

Das 20. Jahrhundert

Expressionismus: Franz Marc

Franz Marc (1880-1916) wandte sich von Menschendarstellungen zu Beginn seiner kurzen Schaffensphase bald, fast ausschließlich, dem Tier zu. 1912 griff er zusammen mit August Macke (1887-1914) auf ein altes Thema zurück, als sie eine Wand in Mackes Bonner Atelier mit einer Paradiesszene bemalten.[47] Das fast vier Meter hohe, aber schmale Wandbild, das sich jetzt im Westfälischen Landesmuseum befindet, zeigt in flächiger Malweise Adam und Eva mit zahlreichen Tieren in üppiger Pflanzenwelt. Den Hintergrund bildet eine Landschaft. Letztere und die Tiere wurden von Marc gemalt. Fuchs, Stier, Reh und mehrere Affen sind friedlich vereint. Der Fuchs, von zierlicher Gestalt, späht mit nach oben gerichteter Schnauze nicht nach Beute aus, sondern beobachtet die auf einem Bäumchen herumtollenden Affen, während Adam nach einem dieser possierlichen Tiere greift. Die Stille und Harmonie, die von dem Bild ausgeht, weist auf die Phase vor dem Sündenfall hin. Es handelt sich wieder um eine Darstellung der Sehnsucht des Menschen nach dem paradiesischen Zustand auf Erden, bei dem Mensch und Natur in Einklang leben.

Das friedliche Beieinander von verschiedenen Tieren schildert Marc auch

Der Fuchs in der Kunst

auf dem Mannheimer Gemälde aus dem gleichen Jahr. Hier sind ein weißer Hund, ein roter Fuchs und eine graue Katze großfigurig, in ganz flächiger Malweise, vor einer Landschaft dargestellt. Es ist sichtbar, daß der Maler die Tiere nach intensivem Naturstudium ausgeführt hat. Aber die Zusammenstellung ist unwirklich, denn der Hund ist ein bitterer Feind des Fuchses. Dies zeigt die Utopie, die Marc vorschwebte, nämlich die Eintracht der unterschiedlichsten Lebewesen, die ihm in Tiergestalten darstellbar schien, da er in ihnen noch Reinheit und Unschuld – im Gegensatz zum Menschen – verkörpert sah.

Ein anderes Bild in Düsseldorf aus dem Jahr 1913 gibt zwei Füchse im Unterholz wieder.[48] *(Abb. 28)* Marc entfernt sich von einer naturalistischen Darstellungsweise, indem er prismatische Formen wählt, die den Bildaufbau bestimmen. Hier werden die Einflüsse des Kubismus und des Orphismus Robert Delaunays sichtbar. Marc hatte diese Stilrichtungen bei seinem Parisbesuch von 1912 kennengelernt. Die Füchse bleiben durch die rötliche Färbung des Felles und die typische Form von Kopf und Lunte erkennbar. Es soll das Schutzsuchen der Kreatur, hier im Waldesinneren, also in der Natur selbst, gezeigt werden. Vorne sitzt aufrecht der etwas kleinere Fuchs mit gesenktem Kopf, während das größere Tier dahinter zusammengerollt liegt. Es könnte sich um ein Fuchspaar handeln oder um Fähe und Welpe. Das enge Beieinander von Muttertier und Kind erinnert auch an die Tradition von Madonnendarstellungen. Das Insichruhen und die Harmonie zwischen den Gestalten wird durch die Verwobenheit der Linien betont. Ebenso geben die prismatischen Formen, die an gotische Glasfenster denken lassen, dem Bild einen Schein von Sakralität. An diesem Fuchsbild wird deutlich, daß Marc dem Tier anthropomorphe Züge gibt, d. h. er nimmt eine Annäherung der Verhaltensweise des Tieres an die des Menschen vor.[49] Hierdurch und durch die meditative Stimmung, die von vielen seiner Tierbilder ausgeht, werden die Gefühle des Betrachters angesprochen.

Der Fuchspelz als Accessoir

Bisher war fast ausschließlich von dem Fuchs als Tier an sich oder als Symbol die Rede. Die Bedeutung seines Felles wurde nur am Rande erwähnt. Dieses Raubtier wurde nicht nur gejagt um des Jagens willen oder weil es den Bauern als Hühner- und Gänsedieb plagte, sondern auch

(Abb. 29) Fritz Behn, Dame im Fuchspelz, 1914, Staatliche Majolikamanufaktur Karlsruhe

weil sein Fell sehr begehrt war. Lange Zeit wurde es gern als Pelzkragen mit präpariertem Kopf und Füßen getragen. Die Maler Otto Dix, Rudolf Schlichter und George Grosz gaben auf ihren Berliner Milieuschilderungen häufig Frauengestalten wieder, die einen „Fuchs" um den Hals gelegt, gleichsam als Schal, trugen. 1915 malte Grosz (1893-1959) das Stuttgarter Ölbild „*Die Straße*".[50] Es zeigt eine nächtliche Großstadtszene, Einsame und Neugierige blicken aus den Fenstern, Männer und Frauen treffen sich oder halten nacheinander Ausschau. Eine Kokotte vorne links hat einen Fuchspelz um die Schultern hängen. Kläglich hebt sich der spitze Kopf von einer hellen Hauswand ab. Betont hier der rote, schlaff herabhängende Pelz die ärmliche Situation der Frau, wird durch eine zur gleichen Zeit von Fritz Behn entworfene Majolikafigur „*Dame im Fuchspelz*" in Karlsruhe eine ganz andere Welt angedeutet.[51] *(Abb. 29)* Elegant schmiegt sich das dichte, grauweiße Fell um die Schultern der schlanken Dame in langem Kleid. Der Kopf des Tieres fällt in die rechte Armbeuge, der breite Schwanz liegt über der, an der Hüfte abgestützten, Linken, wobei der Zeigefinger die Spitze eines Hinterlaufs umfaßt. Durch den vollen, kostbaren Fuchspelz und die elegante Haltung der Frauengestalt strahlt diese nur 17 cm hohe Figur eine mondäne Atmosphäre aus.

Zeitgenössische Kunst

Auch Künstler der heutigen Zeit haben sich mit dem Fuchs der Fabel beschäftigt. So ließ sich etwa der amerikanische Bildhauer Alexander Calder (geb. 1898), der Schöpfer des Mobiles, von den Fabeln La Fontaines faszinieren.[52] *(Abb. 30)* Er illustrierte 1948 die Verse von dem Fuchs mit der Maske. Mit klaren, durchgängigen Linien, die wie aus Draht gebogen erscheinen, sind die Gestalten von Fuchs und Esel gezeichnet. Während der Esel sich von der Maske, die Ruhm symbolisieren soll, sichtlich beeindrucken läßt, schaut der Fuchs hinter die ihn überragende Maske und stellt fest, daß sie hirnlos ist.

(Abb. 30) Alexander Calder, Der Fuchs und die Maske, Illustration zu den Fabeln von La Fontaine, 1948

Joseph Beuys (1921-1986), der sich immer wieder mit dem Tier, besonders mit Koyote und Hase, beschäftigt hat, schuf 1960 ein Objekt mit dem Titel „*Fuchs*".[53] *(Abb. 31)* Er ging von vorgefundenem Material aus, als er ein Stück schwarzes Schusterleder, in dem sich links am Rand zwei ein wenig schräg liegende Löcher befanden, weiterbearbeitete. Diese Löcher und ein darunter liegender Zipfel, der bei dem Ausschneiden einer Schuhsohle durch den Schuhmacher stehen geblieben ist, lösten in dem Künstler die Assoziation eines Fuchskopfes aus. Mit brauner Ölfarbe ergänzte er auf dem schwarzen Grund Fuchskörper, Füße und Schweif nach rechts unten hin. Die Tiergestalt entstand aus Material, das von einer anderen Person handwerklich bearbeitet worden war, wie Spannen des Leders, wodurch die Löcher entstanden, Einfärben und Beschneiden. Aus diesem

Der Fuchs in der Kunst

(Abb. 31) Joseph Beuys, Fuchs, 1960, Öl/Leder auf Papier, 77,3 x 97,3 cm

– nicht künstlerischer Prozess – entsteht durch Assoziation etwas Neues. Beuys macht Gegebenes, in der Natur Vorhandenes, durch einen kleinen Eingriff für jedermann sichtbar. Seine große Vertrautheit mit der Natur, die für ihn als Gegenpol zur Zivilisation wichtig war, wird an diesem Fuchsobjekt ablesbar.

Die Künstlerin Jutta Schwalbach gestaltete 1978 einen Fuchskopf.[54] *(Abb. 32)* Aus zarten Papieren, die mehrfach übereinandergeklebt festeres Material ergeben, wurde der Kopf geformt. Einige Partien sind leicht mit Schwarz, Braun und Weiß eingefärbt, andere mit Federn beklebt, wodurch feine Strukturen entstehen, die man mit Fell assoziieren kann. Schnauze und Ohren laufen ganz spitz und schmal aus. Diese typischen Merkmale des Fuchses sind hervorgehoben in einer Weise, die an Webers „Füchse" denken läßt. Etwas anders wirken die Augen, die nur als Schlitze ahnbar sind. Hier wird der Eindruck von Schlauheit und Überlegenheit erweckt, tradierte Eigenschaften, die allgemein mit dem Begriff Fuchs in Verbindung gebracht werden. Im Gegensatz dazu ist der Fuchskopf als Ganzes ein zartes Objekt, das auf zwei Drähten zu schweben scheint, die in einem Holzklotz stecken.

Die Bedeutung des Fuchses in der Kunst

Bei dem Gang durch die Kunstgeschichte wird sichtbar, daß der Fuchs häufig dargestellt wurde, als Jagdtier, als Teil der Tiergemeinschaft, als Symbol, als Träger von klugen, schlauen bis zu verschlagenen Zügen, die sich immer auf den Menschen beziehen. Durch seine große Bedeutung in der Fabel seit Aesop und durch die breite Wirkung des mittelalterlichen Tierepos ist seine Gestalt als Vermittler bestimmter, menschlicher Eigenschaften unerläßlich geworden. Deshalb ist es naheliegend, daß sich die kritische Grafik, Satire und Karikatur bis heute des Fuchses bedient, um ihre Intentionen deutlich zu machen. Die christliche Kirche hat die ihm nachgesagte Hinterlist als das Böse interpretiert und seine Gestalt schließlich zum Symbol des Bösen und damit des Teufels erkoren, woraus sich in der Kunst des Mittelalters eine eigene Ikonographie entwickelte.

Mit dem Begriff „Fuchs" wird heute kaum noch das reale Tier assoziiert, das in unseren Breiten nur wenige Menschen in der Natur erleben, sondern die Charaktereigenschaften, die er „transportiert". Eine neue Fuchsgestalt, nun losgelöst von der Gattung Raubtier und von einem negativen oder kritischen Anschein, macht es möglich, daß seine Schläue und sein flinkes Denken für die Werbung immer mehr eingesetzt werden.

Um so erstaunlicher oder auch verständlicher ist es – je nach Standpunkt – daß in neuester Zeit ein so ursprüngliches Werk wie Beuys „*Fuchsobjekt*" oder eine so sensible Plastik wie Schwalbachs „*Fuchskopf*" entstanden sind.

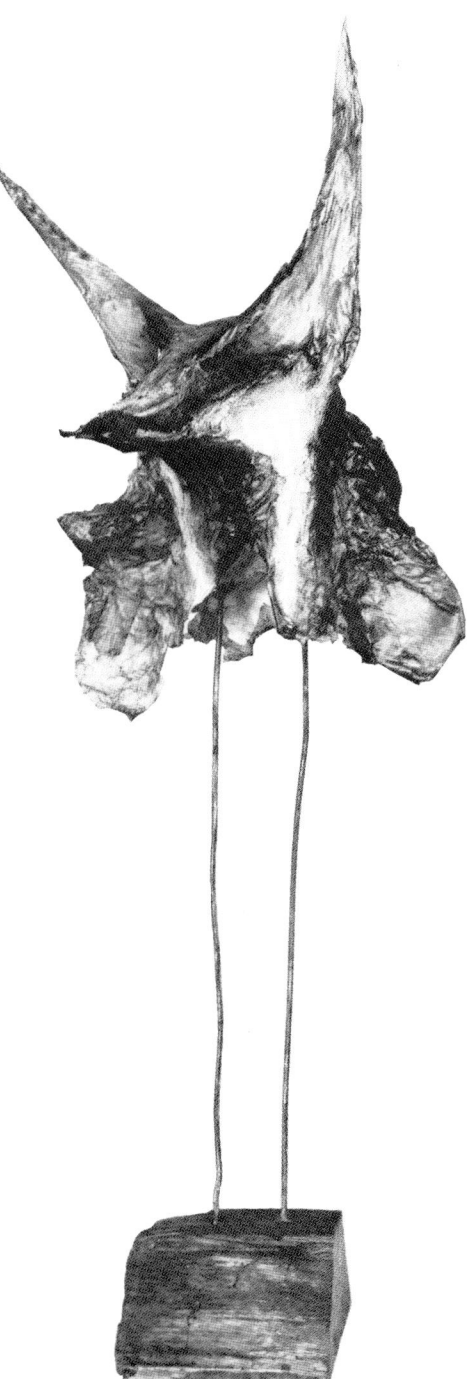

(Abb. 32) Jutta Schwalbach, Fuchskopf, 1978, Papier, Draht, Holz, 17 cm

Der Fuchs in der Kunst

Anmerkungen

1) Vergl.: Ausst. Kat. A. Dürer und die Tier- u. Pflanzenstudien der Renaissance, Albertina, Wien 1985, Kat. Nr. 35, S. 114ff., mit Abb.
2) Schauenburg, Kurt, Jagddarstellungen in der griechischen Vasenmalerei, 1969, S. 14ff, Abb. Tafel 10
3) Vergl.: Ausst.Kat. Das Tier in der Antike, Archäolog. Institut Zürich 1974, S. 61, Abb. Tafel 63, Nr. 365
4) Boardmann, John, Greek Gems an Finger Rings, London 1970, S. 198, Abb. Plate 497
5) Wie Anm. 2, Abb.Tafel 1
6) Horn, Heinz Günter, Mysteriensymbolik auf dem Kölner Dionysosmosaik, Bonn 1972, Fuchs: S. 63f, Abb. Nr. 11
7) Wie Anm. 6, Abb. Nr. 41
8) Vergl.: Maiuri, Amadeo und Bianca, Das Nationalmuseum in Neapel, Rom 1958, S. 14f. mit Abb.
9) Beispiele in Frankfurt, Städel; Leningrad, Eremitage
10) Diez, Erna und Johannes Bauer, Nachträge zum Reallexikon für Antike und Christentum, Stichwort Fuchs, in: Jahrbuch für Antike und Christentum 16, 1973, S. 168ff, hier S. 170
11) Schefold, Karl, Die Bildnisse der antiken Dichter, Redner und Denker, Basel 1943, S. 56, Abb. S. 57
12) Buch und Leben des hochberühmten Fabeldichters Aesopi, übersetzt von Heinrich Steinhövel, mit einer Einführung von Wilhelm Worringer, München 1925, Fabel von dem Fuchs und den Trauben S. 49 mit Abb.
13) Scheffler, Christian, Die Deutsche Spätmittelalterliche Reineke-Fuchs-Dichtung und ihre Bearbeitungen bis in die Neuzeit, in: Mediaevalia Lovaniensia, Series I/Studia III, Leuven 1975, S. 86-104
14) Reineke Fuchs, Das Niederdeutsche Epos „Reynke de Vos" von 1498 mit 40 Holzschnitten des Originals, Übertragung und Nachwort von Karl Langosch, Stuttgart 1967, Holzschnitt: Der Fuchs am Galgen, Abb. S. 75
15) Goethe, Johann Wolfgang, Reineke Fuchs, Mit 36 Illustrationen von Wilhelm von Kaulbach, nach der Ausgabe bei Cotta Stuttgart 1846, Wiesbaden 1973, Reineke am Scheideweg, Abb. S. 131
16) Kötzsche-Breitenbach, Lieselotte, Die neue Katakombe an der Via Latina in Rom, in: Jahrbuch für Antike und Christentum 4, 1976 (Erg.Bd.), S. 91f, Tafel 24: a) Via Latina, Samson jagt Füchse in die Felder, c) Athos, Watopädi Cod. 602 fol. 440r., Samson jagt Füchse
17) Der Physiologus, übertragen von Otto Seel, Zürich/Stuttgart 1960
18) Klingender, Francis, Animals in Art and Thought to the End of the Middle Ages, Cambridge Mass. 1971, Abb. S. 390
19) Steinen, Wolfram von den, Altchristlich-Mittelalterliche Tiersymbolik, in: Symbolon, Jahrbuch für Symbolforschung 4, 1964, Basel/Stuttgart, S. 218-243, Spoleto, Abb. S. 240
20) Blankenburg, Wera von, Heilige und Dämonische Tiere, Leipzig 1943, S. 79, 99, Abb. Rheinisches Bildarchiv Köln
21) Varty, Kenneth, Renard the Fox, A Study of the Fox in Medieval English Art, Leicester 1967, S. 78, Abb. 117
22) Wie Anm. 12, Abb. Fig. 23, Der Fuchs als Prediger, Kempen, Propsteikirche
23) Wie Anm. 12, Abb. Plate II, Peterborough Psalter, Königliche Bibliothek Brüssel
24) Stenton, Frank u. a., Der Wandteppich von Bayeux, Köln 1957, S. 24, Abb. 20 unten
25) Barralt, Altet X., Le Mosaiques de Paviment medievales de Vense, Murano, Torcello, Paris 1985; Prozession des Renart: Abb. siehe Anm. 12, Fig. 19
26) Wie Anm. 20, Kapitel: The Fox' Death and Resurrection, S. 81-87, bes. S. 86
27) Vergl.: Ausst. Kat. Disegni del Pisanello e di Maestri del suo Tempo, Venezia 1966, S. 23, Nr. 5, Abb. 5
28) Lipffert, Klementine, Symbolfibel, Kassel⁵ 1975, Christus nach der Versuchung, S. 32, Abb. Tafel 3
29) Hartt, Frederick, Giulio Romano, New Haven 1958, Bd. I S. 54, Nr. 6; Abb. Bd. II, Fig. 91
30) Siehe Anm. 17, Jagdlehrbuch des Gaston Phoebus, Fuchs, S. 274, Abb. 292 b
31) Balis, Arnout, Rubens Huntingscenes, Corpus Rubenianum Ludwig Burchard, London, New York 1986, Kat. Nr. 2, Wolf and Fox Hunt, S. 95ff., Abb. 33; Warnke, Martin, Peter Paul Rubens, Leben und Werk, Köln 1977, S. 109ff
32) Nagy, Domokos Imre, Jagd und Kunst, Budapest 1972, John Frederick Herring, Vor der Fuchsjagd, Abb. 44, Jagdmuseum München
33) Koch, Michael, Ferdinand Keller, (1842-1922) Leben und Werk, Karlsruhe 1978, Abb. 53, Gemälde in Privatbesitz
34) Wilmerding, John, Winslow Homer, New York, London 1972, S. 170f, Farbtafel 42
35) Vergl. Ausst. Kat.: Symbolismus in Europa, Baden-Baden u.a.O. 1976, S. 73 mit Abb.
36) Museum of Fine Arts, Boston, Abb. Tafel LXIX, Propyläenkunstgeschichte Bd. 20
37) Hinw. von Michael Ruhland, Er hat 1987 eine Diss.Phil. über „Schulhausbauten im Großherzogtum Baden 1806-1918" abgeschl.
38) Teubners Künstlerischer Wandschmuck für Haus und Schule, Künstlersteinzeichnungen, Verkaufskatalog, Leipzig 1917
39) Badisches Landesmuseum, Jugendstil, Karlsruhe 1978, S. 260, Abb. Nr. 93, 94
40) Harms, Wolfgang, Reinhart Fuchs als Papst und Antichrist auf dem Rad der Fortuna, in: Frühmittelalt. Studien, Jb. des Instituts für Frühmittelalterforschung der Univ. Münster 6, Berlin 1972, S. 418-440 Abb. nach S. 432, Nr. 129
41) Vergl.: Ausst. Kat.: Bild als Waffe: Mittel und Motive der Karikatur in fünf Jahrhunderten, Hrsg. Gerhard Langemeyer u. a., Hannover, Dortmund, München 1984, Satirische Porträtgalerie, S. 99, Nr. 59, Abb. Medaillon 6
42) Baur, Otto, Bestiarium Humanum, Mensch-Tier-Vergleich in Kunst und Karikatur, Gräfelfing 1974, S. 96, Abb. 100
43) Vergl. Ausst. Kat.: Kunst der Bürgerlichen Revolution von 1830 bis 1848/49, Adolf Schroedter, Die Wucherer, S. 132, Abb. S. 128
44) Vergl.: Ausst. Kat.: Bilderbogen, Deutsche populäre Druckgrafik des 19. Jahrhunderts, Landesmus. Karlsruhe 1973, S. 47, Abb. 16
45) Wie Anm. 36, S. 12, Abb. S. 11
46) Wolandt, Gerd, A. Paul Weber, Künstler und Werk, Bergisch-Gladbach 1983, S. 51, Abb. 40 Fuchs und Narr, Abb. 45 Jedem das Seine
47) Güse, Ernst-Gerhard, Hrsg., Die Gemälde von Franz Marc und August Macke im Westfälischen Landesmuseum, Reihe: Bildh. des Westfäl. Landesmuseums für Kunst und Kulturgeschichte, Nr. 17, Münster 1972, S. 14ff mit Abb. Abgeb. in Ausst. Kat.: Aug. Macke, Münster 1986, S. 166
48) Kunstmus. Düsseld., Führer durch die Sammlungen 2, 20. Jahrhundert Gemälde, Skulpturen, Objekte, Düsseld. 1986, S 31 mit Abb.
49) Vergl. Langner, Johannes, Iphigenie als Hund. Figurenbild im Tierbild bei Franz Marc, in: Ausst. Kat.: Franz Marc 1880-1916, München 1980, S. 50-73
50) Vergl. Ausst. Kat.: George Grosz, Die Berliner Jahre, München 1986, Abb. 3
51) Vergl. Ausst. Kat.: Karlsruher Majolika, Badisches Landesmuseum, Karlsruhe 1979, S. 138, Abb. S. 139
52) Lipman, Jean, Calders Universe, New York 1976, S. 145 Abb. 47
53) Siehe Anm. 48, S. 107 mit Abb.
54) Vergl. Ausst. Kat.: Karlsruher Künstler 1979, Badischer Kunstverein, S. 64, Abb. S. 66

Abbildungen

Abb. 1 *Albrecht Dürer, Maria mit den vielen Tieren, aquarellierte Federzeichnung, 31 x 24 cm, Wien, Graph. Slg. Albertina*

Abb. 2 *Fuchs und Weinstock, griech. Gemme, 5. Jh., Quarzstein, Länge 21 mm, Oxford*

Abb. 3 *Orpheusmosaik, 1. Hälfte des 3. Jh., Palermo, Nationalmuseum*

Abb. 4 *Aesop und der Fuchs, Schale, um 450 v. Chr., Rom, Vatikanische Museen*

Abb. 5 *Der Fuchs im Weinberg, Holzschn. d. Ulmer Aesop-Ausg. v. H. Steinhövel, 1476/77*

Abb. 6 *Der Fuchs am Galgen, Holzschn. des „Reynke de Vos", Lübecker Ausg. von 1498*

Abb. 7 *Wilhelm von Kaulbach, Reineke Fuchs am Scheideweg, Illustration zu Goethes „Reineke Fuchs", Stuttgart 1846*

Abb. 8 *Samson jagt die Füchse in die Felder, Illustr. einer Bibel des Watopädi-Klost. auf Athos, 14. Jh.*

Abb. 9 *Der Fuchs, sich tot stellend, spätes 12. Jh., Bestiary Manuscript, Ii.4.26 Folio 16, University Library, Cambridge*

Abb. 10 *Der Fuchs, eine Gans verschlingend, 12. Jh., Kapitell, ehem. Benediktiner Abtei Brauweiler, Foto Rhein. Bildarch. Köln*

Abb. 11 *Harfespielender Fuchs, Detail eines Portals 12. Jh., Barfreston, Kent, England*

Abb. 12 *Der Fuchs als Prediger, Miserikordie, um 1500, Propsteikirche, Kempen*

Abb. 13 *Reineke Fuchs u. der Hase, Det. einer Initiale, um 1300, Peterborough Psalter, Brüssel*

Abb. 14 *Fuchs u. Rabe, Det. aus dem Seitenstreifen des Teppich von Bayeux, 11. Jh.*

Abb. 15 *Prozession des Renart, Det., Bodenmosaik, 14. Jh., San Marco, Venedig*

Abb. 16 *Umkreis des Pisanello, Fuchsstudie, 12,8 x 10,3 cm, um 1450, Ambrosiana, Mailand*

Abb. 17 *Der Fuchs, Blatt aus dem Jagdlehrbuch des Gaston Phoebus, 14. Jh., hier Kopie aus dem 15. Jh., Nationalbibliothek, Paris*

Abb. 17a *Karl Wilhelm de Hamilton, Jagdstilleben mit Fuchs und Rebhuhn, Öl/Lwd – 125 x 86,5 cm, Staatliche Kunsthalle Karlsruhe*

Abb. 18 *Winslow Homer, Die Fuchsjagd, 1893, Öl/Lwd – 96 x 172 cm, Pensylvania Academy of the Fine Arts, Philadelphia*

Abb. 19 *Paul Gauguin, Verlust der Jungfräulichkeit, 1890/91, Öl/Lwd – 90 x 130 cm, Chrysler Museum, Norfolk, Virginia, USA*

Abb. 20 *Fuchs als Fassadenschmuck, Wohnhaus in Karlsruhe, 1904*

Abb. 21 *Erik Nielsen, Zusammengerollter Fuchs, 1903, Königliche Porzellanmanufaktur Kopenhagen, Landesmuseum Karlsruhe*

Abb. 22 *Romeyn de Hooge, Wendeköpfe, Gebrüder Witt – Fuchs u. Wolf, gestoch. Porträtmed., 1762*

Abb. 23 *Adolph Schroedter, Die Wucherer, 1847, Lithographie, Düsseldorfer Monatshefte*

Abb. 24 *Des Jägers Leichenzug, Detail, vor 1858, Kreidelithographie aus Weißenburg*

Abb. 25 *Party, „Falsch serviert...", 1953, Karikatur zu den Saarverhandlungen zwischen Adenauer und Schuman*

Abb. 26 *A. Paul Weber, Fuchs u. Narr, Zeichnung, 37,8 x 49,4 cm, 1960, Privatbesitz*

Abb. 27 *A. Paul Weber, Jedem das Seine, Lithogr., 65 x 77 cm, 1963, Privatbesitz*

Abb. 28 *Franz Marc, Füchse, 1913, Öl/Lwd – 87 x 65 cm, Foto Kunstmuseum Düsseldorf*

Abb. 29 *Fritz Behn, Dame im Fuchspelz, 1914, Staatliche Majolikamanufaktur Karlsruhe*

Abb. 30 *Alexander Calder, Der Fuchs und die Maske, Illustr. zu den Fabeln von La Fontaine, 1948*

Abb. 31 *Joseph Beuys, Fuchs, 1960, Öl/Leder auf Papier, 77,3 x 97,3 cm, Kunstmuseum Düsseldorf, Foto Kunstmuseum Düsseldorf*

Abb. 32 *Jutta Schwalbach, Fuchskopf, 1978, Papier, Draht, Holz, 17 cm, Städtische Galerie im Prinz Max Palais Karlsruhe*

Die Ausstellung

**Der Künstlerkreis Ortenau
mit Gästen**

Heinz-Henning Windemuth *Landschaft mit Fuchs und Aktentasche*
Zeichnung, 102 x 73 cm, 1987

Rudolf Unterschütz *Eisfüchse im Sommerkleid*
Aquarell, 50 x 60 cm, 1987

Wolfgang Ihle *Auge in Auge*
Öl auf Lwd., 120 x 100 cm, 1987

Hanna Heider-Frank *Ost/Westliche Einstellung zum Fuchs*
Radierung, 1. Teil, 38 x 31 cm, 1987

Roland Bentz *Großer und kleiner Fuchs*
Farbradierung von 3 Platten, 33 x 22 cm, 1987

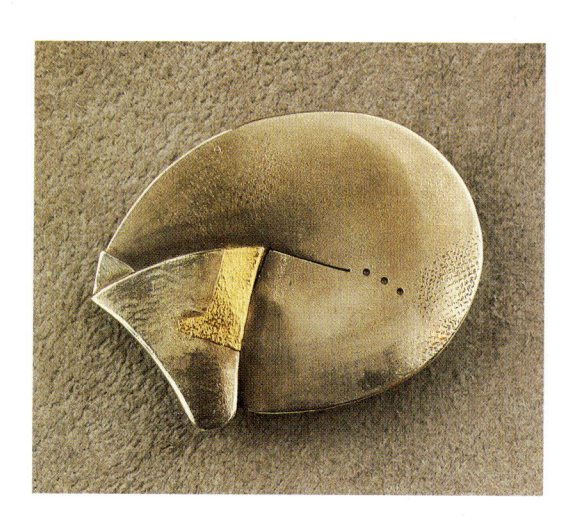

Gisela Harff-Schüppert *o.T.*
Silber/Feingold, 1987

Norbert Nolte *Fuchs, 12-teilige Serie*
Collage/Blei- und Farbstift, 17,5 x 10,5 cm

Armin Goehringer *Fuchs I*
Bleistift/Dispersion, 94 x 70 cm, 1987

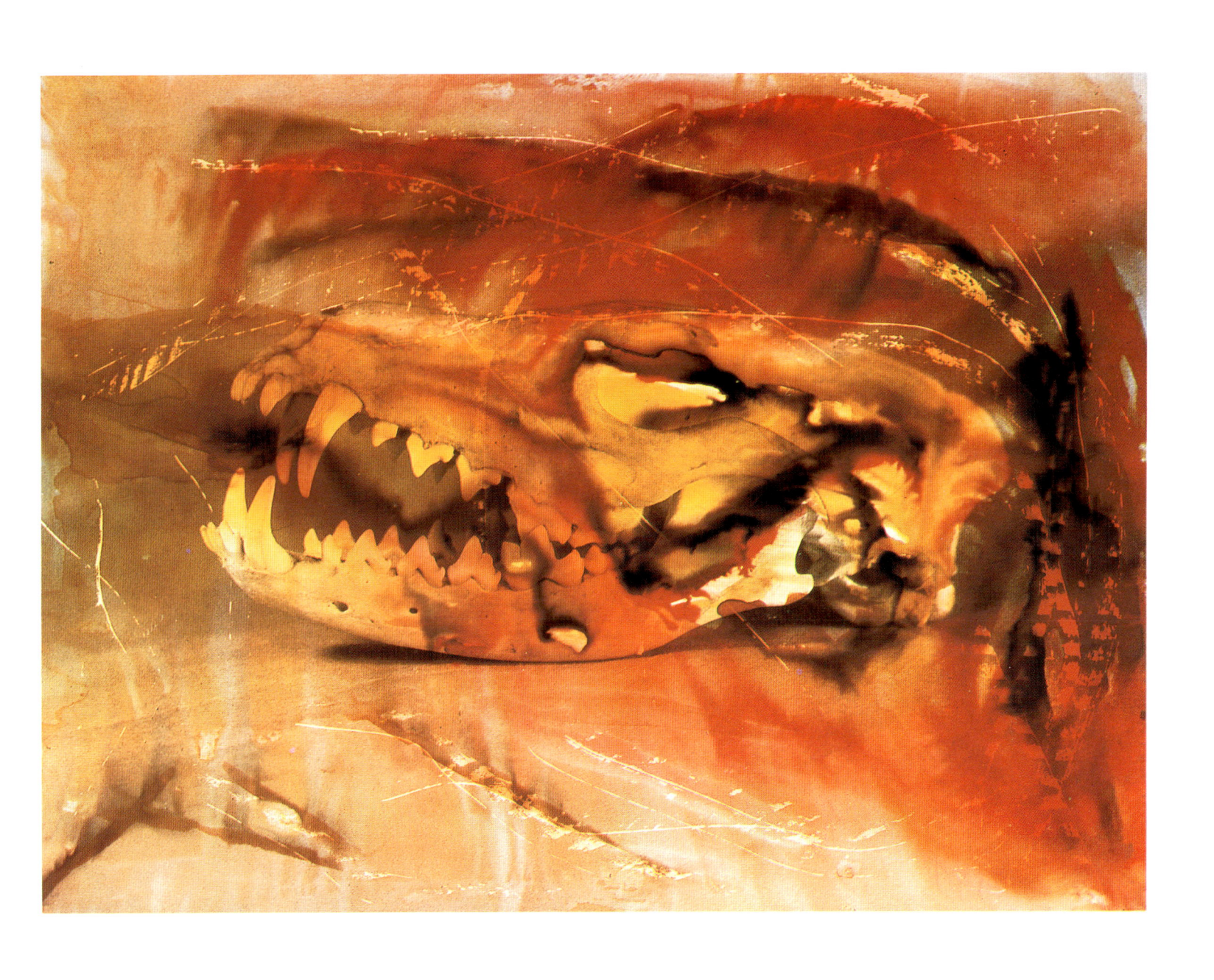

Géza Csizmazia *Schonzeit*
Cibachrome (Großfoto), 80 x 100 cm, 1987

Gabi Streile *Nacht der Dame − schwarz*
Öl auf Packpapier, 130 x 100 cm, 1987

Günther Butz-Inotay *o.T.*
Tusche, 29,7 x 21 cm, 1987

Rudi Rothenberger *Fuchs und Steinbock*
Keramik, 15 x 20 cm, 1987

Walter Gerteis *Fuchs*
Kleinplastik/Bronze, 14 cm hoch, 1986

Franz Rothmund *Hommage à Pisanello I*
aquarellierte Zeichnung, 100 x 70 cm, 1987

Gerhard Sauter *Fuchskopf*
Acryl/Eitempera auf Papier, 93 x 69 cm, 1987

Ingrid Harazim *Fuchs-Maske*
Collage/Mischtechnik, 70 x 46 cm, 1987

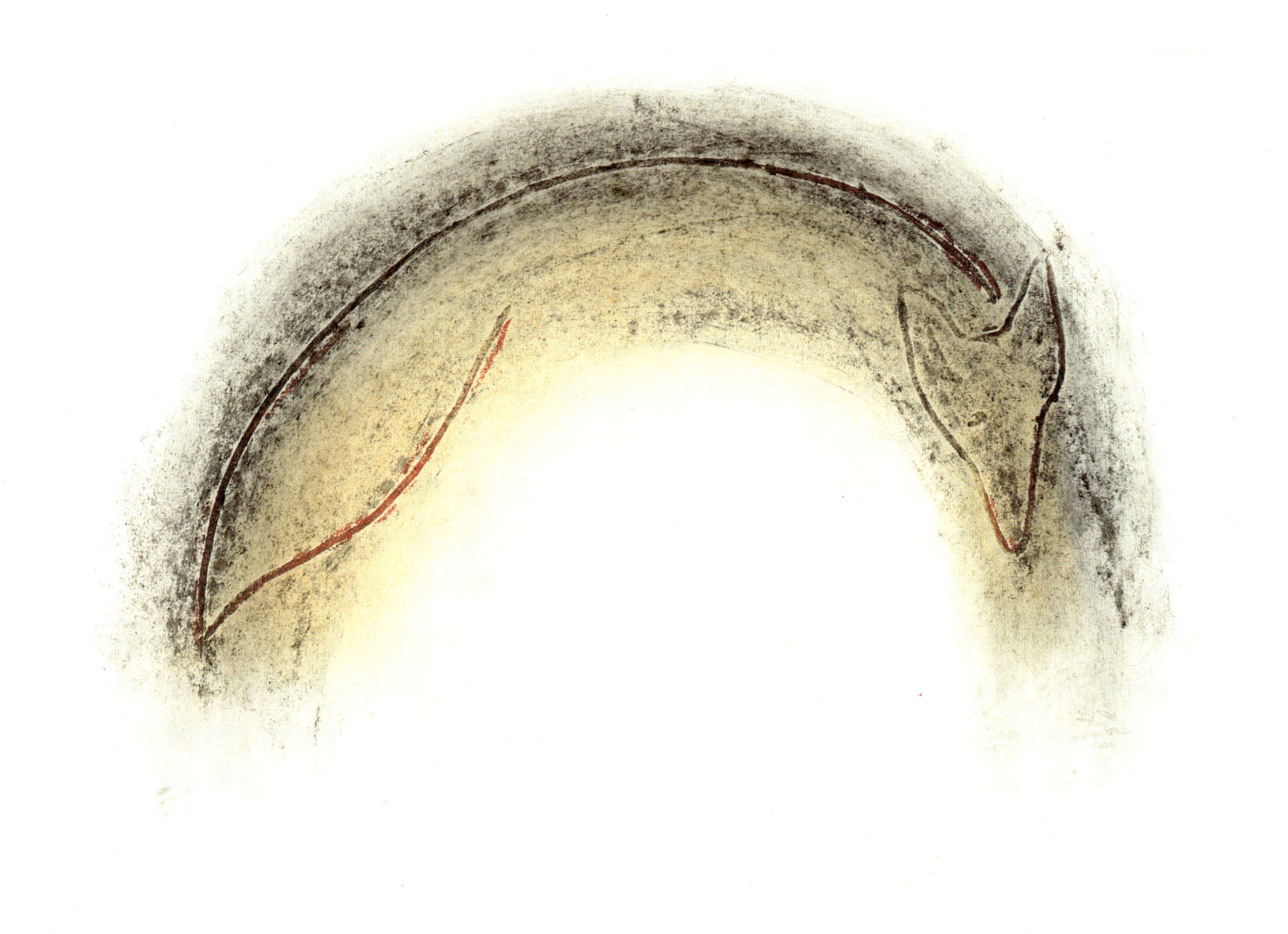

G. W. Feuchter *Fuchs-Spur*
handkolorierte Prägung, 48 × 38 cm, 1987

Heinz Schultz-Koernig *Fuchs*
Eitempera, 62 x 90 cm, 1987

Rainer Michalik „*Ihr Auftritt, Herr Fuchs!*"
Bleistift, 59,4 x 42 cm, 1987

Kristine Weigmann-Heck *Der Fuchs und der Kranich*
Acryl auf Papier, 100 x 70 cm, 1987

Manfred Grommelt *Strafsache Fuchs gegen Gans*
Zeichnung, 30 x 21,3 cm, 1987

Johanna Helbling-Felix *Der Fuchs auf dem fliegenden Teller zum Storch*
Mischtechnik, 51 x 78 cm, 1987

Rainer Nepita *Abendliche Gäste*
Mischtechnik auf Papier, 50 x 35 cm, 1987

Werner Schmidt *Stola*
Mischtechnik auf Holz, 150 x 210 cm, 1987

Künstler- und Ausstellungsverzeichnis

Künstler- und Ausstellungsverzeichnis

Roland Bentz

geboren 1950 in Bietigheim/Württ.,
1971-77 Studium an der Kunstakademie
Karlsruhe bei Prof. Meyer,
ab 1976 Meisterschüler,
lebt in Karlsruhe und Bietigheim.

"...sonst wird dich der Jäger holen!"
Farbradierung von 2 Platten,
Auflage 60 Stück,
38 x 25 cm, Papier 60 x 50 cm
1987

Großer und kleiner Fuchs
Farbradierung von 3 Platten,
Auflage 40 Stück
33 x 22 cm, Papier 60 x 50 cm
1987
(Katalogabbildung S. 57)

Günter Butz-Inotay

geboren 1949 in Stuttgart,
1978-83 Studium der Freien Grafik an
der Staatlichen Akademie der Bildenden
Künste in Stuttgart bei Prof. Schoofs,
lebt in Remshalden.

O.T.
Tusche
29,7 x 21 cm
1987
(Katalogabbildung S. 63)

O.T.
Deckfarbe
29,7 x 21 cm
1987

O.T.
Tusche
29,7 x 21 cm
1987

Géza Csizmazia

geboren 1950 in Bad Brückenau,
Studium an der Fachhochschule
für Fototechnik Berlin,
Meister im Grafischen Gewerbe,
lebt in Offenburg.

Schonzeit
Cibachrome (Großfoto)
80 x 100 cm
1987
(Katalogabbildung S. 61)

Der gelbe Fuchs
Foto – übermalt
18 x 24 cm
1987

Der blaue Fuchs
Foto – übermalt
18 x 24 cm
1987

G.W. Feuchter

geboren 1945 in Öhringen,
1971-75 Studium an der Kunstakademie
Stuttgart
bei Sonderborg (Malerei),
lebt in Neustetten-Remmingsheim.

Landschaft (mit Füchsen)
Mischtechnik
100 x 150 cm
1987

Fuchs-Bau
handkolorierte Prägung,
Auflage 60 Stück
48 x 38 cm
1987

Fuchs-Spur
handkoloriertze Prägung,
Auflage 60 Stück
48 x 38 cm
1987
(Katalogabbildung S. 69)

Walter Gerteis

geboren 1921,
1941-42 Hochschule der Bildenden
Künste Karlsruhe,
Meisterschüler bei Prof. O. Schließler,
1948-50 Centre d'Etudes et Réalisation
Artistique Baden-Baden bei de Jaeger,
lebt in Achern.

Fuchs
Kleinplastik/Bronze
14 cm hoch
1986
(Katalogabbildung S. 65)

Armin Goehringer

geboren 1954 in Nordrach,
1976-82 Studium an der
Kunsthochschule Offenbach a.M.,
lebt in Zell a.H.

Fuchs I
Bleistift/Dispesrsion
94 x 70 cm
1987
(Katalogabbildung S. 60)

Fuchs III
Bleistift/Dispersion
94 x 70 cm
1987

Manfred Grommelt

geboren 1954 in Oberkirch/Baden,
1972-77 Studium an der Staatlichen
Hochschule für Bildende Künste
Braunschweig,
lebt in Oberkirch.

Der Fuchs und der Storch
Radierung
27,5 x 25 cm
1987

Strafsache Fuchs gegen Gans
Zeichnung
30 x 21,3 cm
1987
(Katalogabbildung S. 73)

Ingrid Harazim

geboren 1929,
Studium an der Meisterschule für Mode
Hamburg, Fachklasse Kostümbildner,
Studium Grafik-Design an der
Werkkunstschule Hannover,
lebt in Offenburg.

Fuchs-Maske
Collage/Mischtechnik
70 x 46 cm
1987
(Katalogabbildung S. 68)

Gisela Harff-Schüppert

geboren 1947 in Groß-Bieberau/Odw.,
Goldschmiedemeisterin,
1969-73 Studium an der Fachhochschule
für Gestaltung Pforzheim,
lebt in Offenburg.

Blaufuchs
Silber/Feingold/Lapis
1987

Im Fuchsbau
Silber/Feingold/Lapis
1987

O.T.
Silber/Feingold
1987
(Katalogabbildung S. 58)

Künstler- und Ausstellungsverzeichnis

Hanna Heider-Frank

geboren 1920 im Rheinland,
Studium in New York, Stipendium Art
Student's League, New York,
Bühnenbildnerin, Grafikerin,
New York,
lebt in Offenburg

Ost/Westliche Einstellung zum Fuchs
2 Radierungen, Auflage je 5 Stück
je 38 x 31 cm
1987
(Katalogabbildung S. 56)

Johanna Helbling-Felix

geboren 1948 in Sasbach/Kaiserstuhl,
1985-87 Europäische Akademie für
Bildende Kunst Trier, Klasse Freies
Zeichnen bei Harald Fuchs,
lebt in Bühl-Weitenung.

Der Fuchs auf dem fliegenden Teller zum Storch (Bild 1-3 frei nach La Fontaine)
Mischtechnik
51 x 78 cm
1987
(Katalogabbildung S. 74)

Fuchs und Rabe im Traum vom Fliegen
Mischtechnik
53 x 73 cm
1987

Flugversuch zu Storch
Mischtechnik
53 x 77 cm
1987

Wolfgang Ihle

geboren 1941 in Baden-Baden,
1976-84 Internationale
Sommerakademie für Bildende Kunst in
Salzburg (bei André Thomkins und Per
Kirbeby) und Studienaufenthalte in
Millstätt/Kärnten (figürliches Malen bei
Hans Piccottini),
lebt in Offenburg.

Auge in Auge
Öl auf Lwd.
120 x 100 cm
1987
(Katalogabbildung S. 55)

Der Verlierer
Öl auf Lwd.
120 x 100 cm
1987

Der Fuchs
Öl auf Lwd.
120 x 100 cm
1987

Rainer Michalik

geboren 1953 in Birkenfeld,
1973-77 Studium an der Fachhochschule
für Gestaltung, Pforzheim,
Dipl. im Fach Grafik-Design,
lebt in Oberkirch/Baden.

„Ihr Auftritt, Herr Fuchs!"
Bleistiftzeichnung
59,4 x 42 cm
1987
(Katalogabbildung S. 71)

Rainer Nepita

geboren 1954 in Schweinfurt,
1977-83 Studium an der Staatlichen
Akademie der Bildenden Künste
Karlsruhe, Außenstelle Freiburg bei
Prof. Peter Dreher,
1985-86 Studienreise in Asien,
lebt in Oberkirch/Baden.

Fuchs am Morgen im Gebirge
Mischtechnik auf Papier
70 x 50 cm
1987

Abendliche Gäste
Mischtechnik auf Papier
50 x 35 cm
1987
(Katalogabbildung S. 75)

Sommernachtsfuchs
Mischtechnik auf Papier
50 x 35 cm
1987

Norbert Nolte

geboren 1952 in Bochum,
1972-78 Kunst- und Germanistikstudium
an der Gesamthochschule Kassel,
lebt in Düsseldorf und Neulingen.

Fuchs, 12-teilige Serie
Collage/Blei und Farbstift
je 17,5 x 10,5 cm
1987
(Katalogabbildung S. 59)

Fuchs – sich spiegelnd
Collage/Blei- und Farbstift
je 29 x 19,8 cm
1987

Rotfuchs
Collage/Blei- und Farbtechnik
je 29 x 33,6 cm
1987

Chasse au renard
Gouache/Montage
100 x 75 cm
1987

Rudi Rothenberger

geboren 1932 in Weil/a.Rh.,
1948-50 Kunstgewerbeschule Basel,
seit 1974 Dozent für Keramik an der
Volkshochschule Offenburg,
lebt in Offenburg.

Fuchs und Steinbock
Keramik
15 x 20 cm
1987
(Katalogabbildung S. 64)

Franz Rothmund

geboren 1945 in Burgweiler
(Überlingen),
1974-77 Studium an der Staatlichen
Akademie der Bildenden Künste
Karlsruhe bei Peter Dreher
und Markus Lüpertz,
lebt in Sasbach.

Hommage à Pisanello I
aquarellierte Zeichnung
100 x 70 cm
1987
(Katalogabbildung S. 66)

Hommage à Pisanello II
Mischtechnik
100 x 70 cm
1987

Gerhard Sauter

geboren 1943 in Riedlingen,
1965-67 Studium an der Kunstakademie
Stuttgart, 1967-70 Studium an der
Kunstakademie Karlsruhe bei
Prof. Antes,
lebt in Karlsruhe.

„Fuchsig"
Acryl auf Papier
70 x 93 cm
1987

Fuchskopf
Acryl/Eitempera auf Papier
93 x 69 cm
1987
(Katalogabbildung S. 67)

Künstler- und Ausstellungsverzeichnis

Werner Schmidt

geboren 1953 in Oppenau,
1973-77 Studium an der Fachhochschule für Gestaltung Pforzheim, u.a. bei Hans Baschang und Jürgen Brodwolf,
lebt in Oberkirch/Baden.

Stola
Mischtechnik auf Holz
150 x 210 cm
1987
(Katalogabbildung S. 76)

Heinz Schultz-Koernig

geboren 1945 in Gmunden,
1966/67 Studium an der Werkkunstschule Krefeld (Freie Grafik),
1966-71 Studium der Kunstgeschichte in Köln und Karlsruhe, 1967-72 Studium an der Kunstakademie Karlsruhe (Malerei bei den Professoren Herkenrath und von Hancke),
lebt in Oberkirch/Baden.

Füchse I
Farb-Linolschnitt (Unikat)
69 x 49 cm
1986

Füchse II
Farb-Linolschnitt (Unikat)
69 x 49 cm
1986

Fuchs
Eitempera auf Papier
62 x 90 cm
1987
(Katalogabbildung S. 70)

Gabi Streile

geboren 1950 in Karlsruhe,
1970-76 Studium an der Staatlichen Akademie der Bildenden Künste Karlsruhe bei den Professoren Klaus Arnold, Peter Dreher, Harry Kögler,
lebt in Oberkirch/Baden

Nacht der Dame – grün
Öl auf Packpapier
130 x 100 cm
1987

Nacht der Dame – schwarz
Öl auf Packpapier
130 x 100 cm
1987
(Katalogabbildung)

Nacht der Dame – rot
Öl auf Packpapier
130 x 100 cm
1987

Rudolf Unterschütz

geboren 1923 in Brigidau/Galizien,
1939-41 Lehrzeit als graphischer Zeichner, 1941 Meisterschule des Deutschen Handwerks Breslau,
1946-48 Kunstschule Burg Giebichenstein Halle/Saale, Fachklasse Graphik
bei Prof. Herbert Post,
lebt in Offenburg.

Eisfüchse
Aquarell
50 x 60 cm
1987

Eisfüchse im Sommerkleid
Aquarell
50 x 60 cm
1987
(Katalogabbildung S. 54)

Kristine Weigmann-Heck

geboren 1950 in Baden-Baden,
1970-75 Studium an der Staatlichen Akademie der Bildenden Künste Karlsruhe bei Prof. von Hancke und Prof. G. Meyer,
lebt in Gaggenau.

Der Fuchs und der Kranich
Acryl auf Papier
100 x 70 cm
1987
(Katalogabbildung S. 72)

Die Tiere in der Grube (Füchsin und Bachstelze)
Acryl auf Papier
100 x 70 cm
1987

Im Sprung
Acryl auf Papier
100 x 70 cm
1987

Heinz-Henning Windemuth

geboren 1945 in Donndorf/Bth.,
1966-72 Studium der Architektur, Kunstgeschichte, Erziehungswissenschaften und Kunst an der TH Aachen, Universität Bonn, Hochschule für Bildende Künste Hamburg (bei R. Hausner und J. Tilson) und am Hochschulinstitut für Kunst- und Werkerziehung Mainz
(bei K. Jürgen-Fischer),
lebt in Bühl/Baden.

Landschaft mit Fuchs und Aktentasche
Zeichnung
102 x 73 cm
1987
(Katalogabbildung S. 53)